AF176410

Bernd Lübbers

PORTO

Bibliografische Information der Deutschen Nationalbibliothek:
Die Deutsche Nationalbibliothek verzeichnet diese Publikation in der Deutschen
Nationalbibliografie; detaillierte bibliografische Daten sind im Internet über www.dnb.de abrufbar.

INHALT

Herstellung und Verlag:
BoD – Books on Demand, Norderstedt

ISBN: 978-3-7528-1694-5

PORTO

Entspannt fließt der Douro zwischen den quirligen Uferstraßen von Porto und Vila Nova de Gaia, vorbei an Portweinkellereien und Weltkulturerbe-Vierteln Richtung Atlantik, bevor sich seine Fluten an den Stadtgrenzen in der Brandung des Ozeans verlieren.

O Porto, die Stadt am Fluss und Meer, ist die einzige des Landes mit einem Artikel; für Portuenser ist das schon mal ein Alleinstellungsmerkmal, worauf man stolz sein kann. Aber das ist natürlich nur eine Randnotiz und längst nicht das einzige Alleinstellungsmerkmal, über welches die Stadt verfügt. Porto ist einzigartig und in Portugals Geschichte etwas ganz besonderes, denn nicht zuletzt verdankt das Land dieser Stadt seinen Namen. Um es mit Hugues Demeude zu sagen: „Es sind natürlich Portos Bewohner, die dieser Stadt ihren unverwechselbaren Charakter geben – seit Generationen, seit der Zeit, als die Grafschaft Porto sich anschickte, einmal Portugal zu werden. Dass Porto diesem Land seinen Namen gab, macht deutlich, dass in dieser Stadt die eigentlichen Wurzeln Portugals liegen und Portos Bürger die wirklichen Baumeister dieses Staates sind."

Portus Cale („Der gute oder ruhige Hafen") nannten die Römer die keltische Siedlung, die sie hier, an der Flussmündung des Douro in den Atlantik, vorfanden.

Der Douro bildete auch die südliche Grenze des ersten Staates Portugal, aus dem die Mauren, welche die Iberische Halbinsel über 5 Jahrhunderte lang beherrschten, Mitte des 12. Jhd. endgültig vertrieben wurden, und die Geburtsstunde des Landes in seinen heutigen Grenzen begann.

Heute ist Porto eine moderne Metropole mit modernen Menschen, in der das Alte und das Neue eine unvergleichliche Synthese eingehen. Mit ihren

Prachtbauten an der Avenida dos Aliados

etwa 270.000 Einwohnern (über 1 Mio. im Großraum) bildet die Stadt
das Wirtschaftszentrum des Nordens. Für viele ist Porto die heimliche
Hauptstadt des Landes, was die Lissaboner natürlich anders sehen. In
jedem Fall ist Lissabon weit weg, manche behaupten sogar, dort wäre
bereits Afrika. Außerdem hat man hier schon immer das getan, was man
wollte. Nicht einmal der König hatte ein eigenes Schloss zur Verfügung,
wenn er in der Stadt zu Besuch war; er musste als Gast mit dem Bi-
schofssitz vorlieb nehmen. Adlige und vor allem die aus Lissabon waren
in dieser freiheitsliebenden Arbeiter- und Kaufmannsstadt nicht gerne
gesehen und die ewige Konkurrenz zur Hauptstadt tritt auch heute noch
immer mal wieder zu Tage.
Ein viel zitiertes Sprichwort lautet: „In Porto wird gearbeitet ... und in Lissabon gibt man das Geld aus."
Für den Besucher haben natürlich beide Städte ihren speziellen Reiz und
sind allemal eine Reise wert.
Wir überlassen es am besten den Portugiesen, über ihre „Hauptstädte" zu
streiten, und widmen uns erst einmal der heimlichen ...

Dank Billigairlines und Airbnb & Co. ist Porto in den letzten Jahren zu
einem Ziel für den Massentourismus und der Kurztrip-Reisenden geworden
und die Stadt erlebt einen nie dagewesenen Touristenboom. Das Sprichwort „was des einen Freud, ist des anderen Leid", hat in Porto mehr den
je Bedeutung gefunden. Auf der einen Seite steht der Geldsegen, den die
Besucher bringen und der der Stadt sichtbar gut tut – es wurde schon lange
nicht mehr so viel renoviert und restauriert – was der Ort auch bitter nötig
hat und einige Portuenser sind zu unverhofftem Reichtum gekommen.
Auf der anderen Seite stehen diejenigen, die vom Tourismus nicht profitie-
ren. Ihnen machen die in astronomische Höhe gestiegenen Wohnungspreise
und die allgemein erhöhten Lebenshaltungskosten, die eben auch eine
Folge des Touristenbooms sind, zu schaffen ...

Die Gesellschaft

Wenn man als Besucher mit dem Blick von außen die Gesellschaft eines Landes beschreibt, geschieht das eigentlich immer aus einer subjektiven Sichtweise. Hier also nur der Versuch, die Verhältnisse kurz zu umschreiben. Die Mentalität der Portugiesen könnte man kurz umrissen als eine Mischung aus südlicher Lebensfreude und nordischer Gelassenheit bezeichnen.

Dem ausländischen Touristen begegnen die Menschen in Portugal in der Regel mit distanzierter Freundlichkeit, aber auch mit Gastfreundschaft und Hilfsbereitschaft. Ansonsten ist es hier wie vielerorts, wo der Tourismus eine wichtige Einnahmequelle darstellt: Man freut sich, wenn die Fremden kommen, ist aber auch froh, wenn sie wieder weg sind.

Hing man früher am liebsten über der Gitarre und sang traurige Lieder von längst vergangenen und besseren Zeiten, so hat sich das Lebensgefühl der Portugiesen in den letzten Jahren sehr gewandelt. Zwar singt man immer noch gerne den Fado, die traditionelle Musik, der diese meist schwermütigen Lieder entstammen. Aber selbst der Fado hat mit vielen Einflüssen aus Jazz und Weltmusik moderne Formen angenommen.

Wohl kaum ein Land in Westeuropa hat sich in den letzten 30 Jahren so verändert wie Portugal. Seit es 1986 in die EU aufgenommen wurde, herrscht Aufbruchstimmung. Obwohl es immer noch viel Armut gibt und nach wie vor viele Portugiesen ihr Geld im Ausland verdienen, ist der „Aufschwung", trotz diverser Krisen von Eurokrise bis Corona, die das Land immer wieder zurückgeworfen haben, überall sichtbar. Es gibt viele, meist neue Autos. Hochgeschwindigkeitszüge sausen durch die Landschaft. Man telefoniert mit dem Smartphone und surft im Internet.

Das alte Sprichwort „Portugal ist Lissabon und der Rest ist Landschaft" trifft schon lange nicht mehr zu, am wenigsten auf den Norden. Dies ist für touristische Belange, je nach Vorliebe, allerdings nicht immer von Vorteil.

Im Großraum Porto, der mittlerweile über eine Million Einwohner zählt, wachsen die kleinen Orte mit der Metropole langsam zusammen, was leider nicht gerade zur Verschönerung der Landschaft beiträgt.

Turm der Kirche „Igreja dos Clérigos"   ↓

Porto auf einen Blick

Ankommen: Seite 10-12

Informationen für Touristen: Seite 13

Sehenswertes in Porto: Seite 15 ff

Baden und Surfen: Seite 42 & 50

Kneipe und Co.: Seite 40

Übernachten: Seite 46 & 57

Die An- und Einreise

Von Deutschland aus ist die schnellste Verbindung nach Porto natürlich das Flugzeug. Wer mit Linie nach Porto fliegt, hat auch die Möglichkeit, Gabelflüge zu buchen, z.B. auf dem Hinflug nach Porto und zurück von Lissabon oder umgekehrt.

Wer lieber mit dem eigenen Wagen oder der Bahn fährt, hat nach Portugal eine lange, aber durchaus reizvolle Reise vor sich.

Für Freunde der echten Reisestrapaze empfiehlt sich die Fahrt mit dem Bus, z. B. Hamburg – Porto, ca. 36 Std. nonstop.

Einreiseformalitäten

Seit 1986 ist Portugal Mitglied der EU und dem Schengen-Abkommen, das den freien Grenzverkehr in den Mitgliedstaaten regelt, beigetreten. Besondere Einreiseformalitäten brauchen Deutsche und Österreicher also nicht zu beachten. Für Schweizer reicht bei einem Aufenthalt von bis zu 90 Tagen die nationale

Identifikationskarte. Diese bzw. einen Personalausweis oder Reisepass müssen allerdings auch Deutsche und Österreicher immer dabei haben.

Klima und Reisezeit

In den Monaten Juni, Juli, August, September und Oktober sind in Porto die meisten Touristen unterwegs. Daher ist es ratsam zu diesen Zeiten, sich frühzeitig um eine Unterkunft zu kümmern.

Das Klima

Porto ist keine mediterrane Stadt, das Klima ist vom Atlantik und den vorherrschenden Westwinden geprägt. In den normalerweise heißen Monaten Juni bis September kann man es durch die kühle Brise, die meist vom Meer her weht, trotz teilweise hohen Temperaturen in der Regel hitzemäßig noch gut aushalten.

Von November bis März ist es meist kühl, regnerisch und unbeständig.

Verlassen kann man sich auf das Wetter in Porto allerdings zu keiner Jahreszeit und auf Regen muss man immer gefasst sein. In den Monaten März, April und Mai kann man schon sommerliche Temperaturen vorfinden aber genauso kaltes, unangenehmes Schmuddelwetter.

Reisezeit

Die beste Reisezeit für Porto sind im Prinzip die Monate März, April und Mai, vorausgesetzt das Wetter spielt mit. Zu diesen Zeiten halten sich die Touris-

Der portugiesische Hochgeschwindigkeitszug Alfa Pendular.

tenzahlen noch in Grenzen und es geht etwas entspannter zu, nicht zuletzt bei den Preisen für Übernachtungen.

In den portugiesischen Osterferien ist die Stadt im März oder April, je nachdem, allerdings auch sehr gut besucht.

Auch die Wintermonate haben etwas, nur sollte man dann besser die warme Kleidung nicht vergessen ...

■ Ankunft in Porto

Mit dem Auto

Mit dem Auto fahren nach Porto nur Einheimische, Taxifahrer oder „Verrückte". Wer sich hier nicht auskennt und auf sein Auto nicht verzichten mag, benötigt ein Navigationsgerät, einen guten Stadtplan oder eine Anfahrtsbeschreibung zu seinem Hotel. Von Süden kommend erreicht man die Stadt über eine der drei großen Autobrücken. Über die Avenida da Republica (EN 1) gelangt man zur Brücke „Ponte de Dom Luís I." mitten ins Stadtzentrum und hinein ins Verkehrschaos. Den Stadtteil Foz erreicht man am besten über die IC 1 zur Brücke „Ponte de Arrábida". Wer in den Osten Portos, etwa zum Estádio do Dragão möchte, erreicht diesen über die IC 23 zur Brücke „Ponte do Feixo".

Ist man wider Erwarten dann dort, wo man hinwollte, trifft man mancherorts junge Männer oder Frauen, die einen in eine Parklücke einweisen. Sie erwarten dafür ein Trinkgeld, allerdings ist es ihnen dabei manchmal egal, ob man dann im Halteverbot steht oder nicht.

Mit der Bahn

Bahnfans kann man mit gutem Gewissen durchaus die Bahnreise z.B. von Deutschland nach Porto empfehlen. Es ist zwar teurer als mit dem Flugzeug,

Azulejobild im Bahnof São Bento

aber für Liebhaber und für Leute mit Flugangst eire echte Alternative.

Auskünfte und Fahrkarten erhält man bei der Deutschen Bahn. Für die durch Spanien fahrenden Züge ist immer eine Platzreservierung erforderlich.

In Portugal gibt es vier Arten von Zügen, die unterschiedlich schnell und teuer sind. Sie heißen: Alfa Pendular, Intercidades, Regional und Suburbano. Der teuerste und schnellste ist der Alfa Pendular. Mit ihm rauscht man z.B. in 3,5 Stunden von Porto nach Lissabon. Für diesen Zug benötigt man eine Reservierung, die aber im Fahr-

Denkmal von Heinrich dem Seefahrer

abhängig, mit welcher Busgesellschaft man unterwegs ist. Die meisten Busterminals befinden sich aber in zentraler Lage *(siehe auch: Ausflüge von Porto, Seite 49)*

Mit dem Flugzeug

Direktflüge nach Porto gibt es von Deutschland aus mit Lufthansa oder TAP ab Frankfurt oder München. Auch Ryanair bietet von einigen Standorten aus Direktflüge an.

Im Flughafen von Porto befindet sich gleich in der Ankunftshalle eine Touristeninformation, bei der man viele nützliche Informationen bekommen kann. *(Siehe auch: Informationen für Touristen Seite 13).*

Die schnellste und preisgünstigste Art, vom Flughafen ins Zentrum zu kommen, ist mit der U-Bahn, wenn sie zwischendurch nicht gerade ausfällt.

Fahrkarten bekommt man am Automaten (ca. 2,50 EUR).

Der Flughafen in Porto ist zwar nur ca. 20 km vom Stadtzentrum entfernt, aber mit dem Auto oder Taxi kann es je nach Tageszeit schon mal eine Stunde oder länger dauern, bis man dort ist, wo man hin möchte *(siehe auch: Mit dem Taxi in Portugal Seite 60).*

preis enthalten ist. Der günstigste Zug ist der Suburbano ähnlich den S– oder Regionalbahnen z.B. in Deutschland.

Porto verfügt über zwei Fernbahnhöfe, Campanhã und São Bento. Der zentral gelegenere ist São Bento mitten in der Altstadt *(siehe auch: „Estação de São Bento" Seite 21),* aber auch vom internationalen Bahnhof Campanhã, der etwas außerhalb gelegen ist, kommt man schnell mit U-Bahn oder Bus ins Zentrum *(siehe auch: Ausflüge von Porto, Seite 49)*

WebTipp:

Fahrplan der Portugiesischen Bahn
www.cp.pt

Mit dem Bus

Da es in Porto keinen zentralen Busbahnhof gibt, ist der Ankunftsort davon

Kachelbild im Bahnhof São Bento

■ Informationen für Touristen

www.visitportugal.com | Tel. +351 935 557 024

i

■ nformationsbüros für Rat suchende Touristen heißen in Portugal Posto de Turismo oder einfach nur Turismo, wobei das s wie sch ausgesprochen wird. Mancherorts sind sie auch interaktiv und tragen den Namen „Tourism Interactive".

Turismo-Büros findet man in allen Orten Portugals, die von touristischem Belang sind. In der Regel befinden sie sich an zentralen Stellen und mit Hilfe von Wegweisern sind sie normalerweise leicht zu finden. Die hilfsbereiten Angestellten sprechen außer Portugiesisch meistens auch Englisch, Französisch oder Spanisch.

Man bekommt Informationen über Sehenswertes im Ort und in der Region, Adressen von Hotels und Pensionen (manchmal auch mit Preisen) sowie kleine Stadtpläne vom Ort und Landkarten der Umgebung. Fahrpläne von Bus und Bahn, Broschüren mit kulturellen Veranstaltungen etc. erhält man dort ebenfalls. Wo es Karten für bestimmte Konzerte, Theater oder andere Veranstaltungen gibt, kann man hier auch erfahren – kurz: Das Turismo informiert über alles, was das Touristenherz begehrt.

Der Service ist allerdings nicht immer einheitlich, je nachdem an wen man gerät, manche der dort Angestellten lassen sich nur ungern beim Nichtstun stören. Aber mit freundlicher Beharrlichkeit bekommt man dann doch meistens die Informationen, die man haben will.
(Siehe auch: Übernachten in Porto, S. 46)

Offizielle Touristeninformations-büros in Porto:

Im Zentrum:
- Porto Welcome Center, ist das Hauptbüro am Praça de Almeida Garret gegenüber dem Bahnhof São Bento *(Siehe auch: Stadtplan ❻ Seite 16)*

- Bei der Sé (Kathedrale), Terreiro da Sé, *(Siehe auch: Seite 31 und Stadtplan ❻ Seite 16).*

Web: visitporto.travel

Zu den zwei offiziellen Touristenbüros gesellen sich überall in der Innenstadt noch jede Menge andere, die sich dann meist auf die Buchung von Stadtrundfahrten und Ausflügen etc. beziehen, aber auch dort kann man die ein oder andere allgemeine Information erhalten.

*Das Touristeninformationsbüro PORTO**WELCOMECENTER** am Praça de Almeida Garret*

13

Innenhof des Palácio da Bolsa

Sehenswertes in Porto

Porto ist keine Stadt, die sich dem fremden Besucher auf den ersten Blick erschließt. Porto ist besonders, doch wer sich die Mühe macht, die Stadt mit ihrer Vielfalt zu erforschen, wird sie danach um so mehr schätzen und so schnell nicht wieder vergessen.

Es gibt viel zu sehen in der Nordmetropole und vermutlich werden die wenigsten Besucher lange genug in der Stadt bleiben, um alle Sehenswürdigkeiten besuchen zu können.

In Porto gibt es 17 Museen, 19 Kirchen, 17 Monumente, zwei sehenswerte Brücken und viele interessante Straßen und Plätze. Man muss sich also entscheiden. Nicht zuletzt ist Porto eine Stadt, die jede Menge Kultur, Konzerte, Ausstellungen etc. zu bieten hat.

Da es sehr schwierig ist, Empfehlungen zu geben – denn was ich interessant finde, interessiert andere vielleicht überhaupt nicht und umgekehrt – habe ich versucht, die hier aufgeführten Sehenswürdigkeiten möglichst neutral zu beschreiben. Zugegebenermaßen ist mir das nicht immer gelungen.

Wer Porto zu Fuß entdecken möchte, was zu empfehlen ist, dem sei gutes Schuhwerk angeraten, denn die Stadt macht es dem Fußgänger nicht leicht. Steil geht es von der Uferstraße Cais da Ribeira hoch zu Portos Prachtstraße Avenida dos Aliados, und wer von hier aus die östliche oder westliche Innenstadt besichtigen möchte, hat noch einmal einen Anstieg vor sich. Ist man oben, so muss man irgendwann auch

wieder hinunter, und so geht es immer weiter, denn Porto ist im Wesentlichen auf zwei Hügeln errichtet.

Aber lassen Sie sich nicht gleich entmutigen. Mit der Kombination aus gutem Schuhwerk, Bus und U-Bahn kann man die Stadt wirklich am besten erkunden *(siehe auch: Nahverkehr und Portopass Seite 45).*

Für bequeme Zeitgenossen und Besucher, die nicht so gut zu Fuß sind besteht natürlich auch die Möglichkeit, die Stadt mittels Stadtrundfahrt *(siehe auch: „yellow bus" Seite 45),* mit Sammeltaxis oder mit dem Auto zu erforschen. Wer Stress, Staus und das Anfahren am Berg liebt, dem sei letztere Methode sogar wärmstens empfohlen.

HINWEIS

Zur Zeit wird in Porto eine neue U-Bahnlinie gebaut, was überall in der Stadt große Baustellen zur Folge hat. Bei Redaktionsschluss dieser Ausgabe, musste man vor allem in der Innenstadt viele Baustellenabsperrungen umkurven, auch kann es vorkommen dass dadurch z. B. Bus- oder Straßenbahnhaltestellen kurzfristig verlegt werden.

Die Bauarbeiten werden wohl noch eine Weile andauern, aber sie sind ja für einen guten Zweck.

Stadtplan Porto, südwestliche Innenstadt

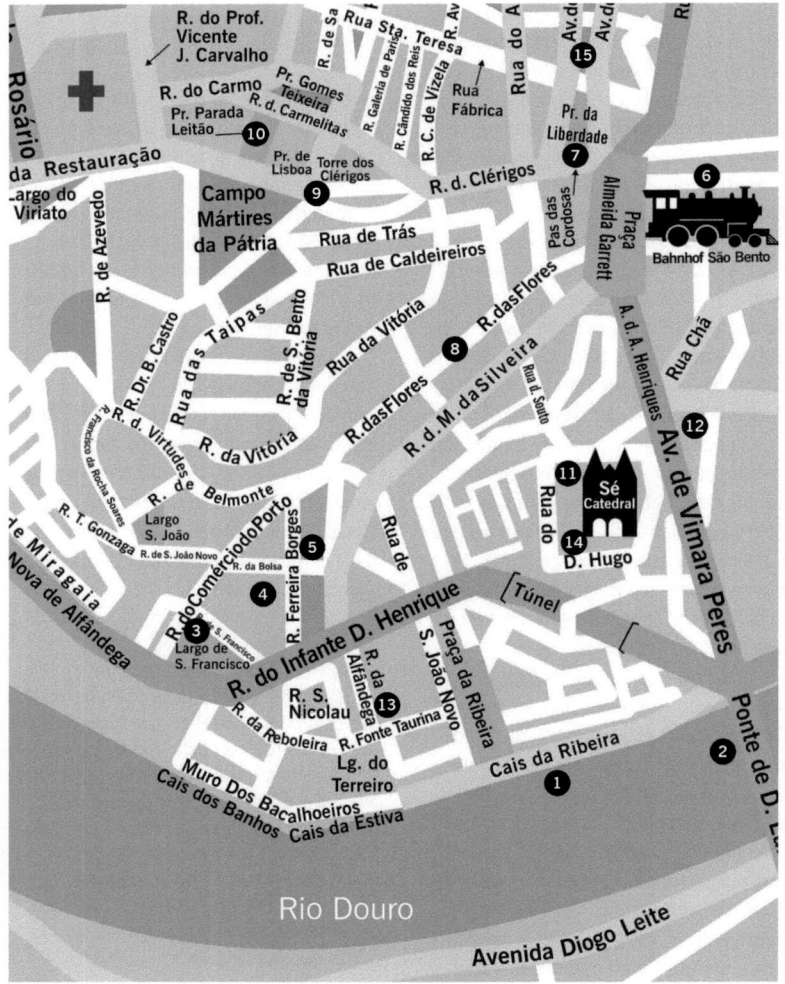

Von der Cais da Ribeira

Es ist sicherlich keine schlechte Idee, Porto erst einmal von „unten" auf sich wirken zu lassen, das heißt von der Cais da Ribeira (1) aus. Die Cais da Ribeira ist die Uferstraße der Altstadt Portos. Hier reihen sich Restaurants, Bars, Kneipen und Cafés für jeden Geschmack aneinander. Jeder, der hierher kommt, findet seinen Platz. Es ist zwar ein sehr touristischer Ort, aber das tut dem Ganzen keinen Abbruch.

Flussaufwärts erblickt man die grandiose Brücke „Ponte Luís I." und links die Ribeira, einen der Stadtteile, die zum Weltkulturerbe der UNESCO gehören. Am gegenüberliegenden Flussufer liegt Portos Nachbarstadt Vila Nova de Gaia, kurz Gaia genannt. Hier haben sich die Portweinkellereien, von denen man die meisten besichtigen kann, niedergelassen.

Ist man schon mal am Cais da Ribeira, sollte man auf keinen Fall der Versuchung widerstehen, über die Brücke D. Luís I. nach Gaia zu spazieren.

Von Gaias Ufer aus hat man einen wunderschönen Blick auf Porto und die bunten Häuserfassaden der Cais da Ribera. Wer jetzt noch bei Kräften ist, für den lohnt sich der Aufstieg zum ehemaligen Kloster „Mosteiro da Serra do Pilar" auf der flussaufwärts gewandten Seite der Av. da República. Für die kleine Strapaze wird man mit einem grandiosen Blick über die Stadt und den Fluss belohnt. Auch an Menschen, die nicht so gerne bergauf gehen, hat man in letzter Zeit gedacht und eine Seilbahn installiert, die von Gaias Uferpromenade bis zum Aussichtspunkt gegenüber des Klosters hochfährt. Alternativ kann man sich den Besuch dieses Ausblickpunktes auch für später aufheben *(siehe auch: Die Kathedrale Sé Seite 31)* und erst einmal eine Bootsfahrt auf dem Douro buchen oder eine der zahlreichen Portweinkellereien besuchen *(siehe auch: Portwein Seite 34)*

Von Gaias Kai sowie auch vom Cais da Ribeira aus gibt es die so genannten **Sechs-Brücken-Fahrten** (Cruzeiros das seis Pontes). Hier wird man für ca. 15 EUR unter den sechs Brücken, die den Douro bei Porto überspannen, entlang geschippert und fährt dabei bis zur Flussmündung. Sehr zu empfehlen! **TIPP!** *Die Boote, die von Gaia aus starten, sind etwas kleiner als die auf der Seite von Porto. (Siehe auch: Flussfahrten auf dem Douro Seite 47)*

Wer vom Cais da Ribeira aus lieber das diesseitige Ufer erkunden möchte, der kann flussabwärts bis zur Flussmündung laufen. Auf dem Weg dorthin findet man direkt am Fluss einige Restaurants und Bars, die man allerdings auch braucht, wenn man den ganzen Weg überstehen will. Dieser Spaziergang ist allerdings nur für hartgesottene Pflastertreter geeignet, es sind ca. 6 km, die man bewältigen muss.

Nicht ganz so weit entfernt, im Getümmel der Straßen Richtung Rua da Bolsa (4), befinden sich einige der wichtigsten Sehenswürdigkeiten Portos.

Geschichtsinteressierte finden in der Rua da Alfândega die **Casa do Infante** (13). Die Casa ist das Geburtshaus Heinrich des Seefahrers, ehemaliges Zollamt und Münzprägerei. *(Siehe auch Seite 19)*

Bergan auf der gegenüberliegenden Straßenseite der Rua Infante D. Henrique befindet sich linker Hand die Igreja de São Francisco und etwas oberhalb davon der Palácio da Bolsa. Diese beiden Sehenswürdigkeiten, ganz besonders die Igreja de São Francisco, sind für jeden Besucher Portos Pflicht.

Igreja de São Francisco (3)

(14.-16. Jahrhundert.) Die Igreja de São Francisco gehört zum Komplex des Ordens „Venerável Ordem Terceira de S. Francisco" (Dritter Orden des Heiligen Franziskus). Die Kirche ist gotischen Ursprungs, hat aber im Laufe ihrer Entstehung mehrere Veränderungen erlebt.

Für viele gilt die Igreja de São Francisco als schönste Kirche Portos. Heute ist sie allerdings nur noch Museum und der Besucher muss Eintritt bezahlen. Von außen betrachtet eher schlicht und trutzig, verschlägt es einem im Innern den Atem. Hier glänzt auf fantastischen Deckenschnitzereien, Altären und Kanzeln das einst aus Brasilien geraubte Gold und zeugt vom vergangenen Reichtum Portugals. Über 200 kg Blattgold wurden verarbeitet und mehrere Holzschnitzer ihrer Zeit haben sich hier verewigt. Der bekannteste ist Francisco Pereira Campanhã, der zwischen 1764 und 65 die Kapelle „Unsere liebe Frau der Einsamkeit" geschaffen hat.

Cais da Ribeira ↓

Heinrich der Seehfahrer

Infante Dom Henrique 1394-1460, ein Sohn von König João I., gilt als größter Förderer der portugiesischen Entdeckungsreisen und bekam deshalb den Beinamen Heinrich der Seefahrer. Er selbst unternahm allerdings in seinem Leben nur eine Seereise, auf der er im Auftrag des Königs 1415 die nordafrikanische Festungsstadt Cetua eroberte. Unter seiner Regie wurde die Karavelle entworfen, ein neuer Schiffstyp mit dem es den Europäern erstmals gelang, relevante Strecken auf dem offenen Meer zurück zu legen. Der europäische Schiffsbau der damaligen Zeit war eher auf die Küstenschifffahrt ausgelegt. Mit den Karavellen und Heinrich dem Seefahrer begann die Zeit der großen Entdeckungsreisen und das goldene Zeitalter Portugals. Der Infante war allerdings wohl mehr an den Profiten, die mit solchen Reisen erwirtschaftet werden konnten, interessiert als am Abenteuer der Entdeckungen. Sein Plan ging auf, er wurde seiner Zeit einer der reichsten Männer Portugals.

Im Eintrittspreis inbegriffen ist der Besuch des kleinen und durchaus interessanten Museums gegenüber. Im so genannten Kirchensaal sind Möbelstücke, Goldschmiedearbeiten, Skulpturen und Gemälde aus verschiedenen Epochen ausgestellt. Im Kellergewölbe darunter befindet sich ein alter Friedhof, der 1798 angelegt wurde.

Igreja de São Francisco Öffnungszeiten: November bis März: tägl. 9 – 12.30 und 14 – 17.30 Uhr, April bis Oktober: 9 – 12.30 und 14 – 18.30 Uhr.

Der Palácio da Bolsa (4)

Porto verfügt zwar über kein Stadtschloss, da Adlige in der Arbeiter- und Handelsstadt nicht gern gesehen wurden, dafür gibt es aber den Palácio da Bolsa.

Ein Besuch der Börse gehört zum Standardprogramm für Portobesucher, denn schließlich waren Kennedy und Lady Diana auch hier.

Der Palácio da Bolsa gehört zur Industrie- und Handelskammer Portos und wurde in der zweiten Hälfte des 19. Jahrhunderts auf den Ruinen des 1882 abgebrannten Nonnenklosters St. Francis errichtet.

Das Innere des zum Weltkulturerbe der UNESCO ernannten Palastes kann man nur mit einer Führung besichtigen. Der Eintritt ist nicht gerade billig, aber über Geld redet man hier nicht, das hat man.

Zu sehen bekommt man prachtvoll ausgestattete Räume aus verschiedenen Epochen, wie z.B. die Bibliothek mit über 10.000 Exemplaren und einem Deckengemälde von António Carneiro. Höhepunkt der Besichtigung ist der arabische Saal, ausgestattet im maurischen Stil – für die einen das Nonplusultra prachtvoller Raumgestaltung, für die anderen der Höhepunkt von geschmacklosem Kitsch.

Palácio da Bolsa, Rua Ferreira Borges Öffnungszeiten: November bis März: tägl. 9 – 13 und 14 – 18 Uhr, April bis Oktober: tägl. 9 – 19 Uhr.

Im Gebäude neben dem Börsenpalast in der Rua De Ferreira Borges 27

Von der Cais da Ribeira

befindet sich das **Instituto dos Vinhos do Douro e Porto „Portweininstitut"** *(siehe auch Portwein Seite 34)*. Hier kann man an einer kleinen nicht kommerziellen Führung teilnehmen, erfährt viel über Herstellungsverfahren von Portwein und kann selbigen degustieren. Öffnungszeiten Montag -Freitag 11 -19 Uhr. Auf der viersprachigen Webseite www.ivdp.pt, findet man viele weitere Informationen über die Aktivitäten des Instituts.

Der Mercado Ferreira Borges (5)

Schräg gegenüber der Börse, nicht ganz so prunkvoll, aber nicht weniger interessant, befindet sich der „Mercado Ferreira Borges". Die zwischen 1885 und 1888 als Markthalle errichtete Metallkonstruktion wurde allerdings nur kurzzeitig für ihren ursprünglich gedachten Zweck benutzt.

Im Laufe der Geschichte war sie vom Abriss bedroht, diente als Garage, Armenküche, Gewächshaus und schließlich, 1939, als Obstmarkthalle.

Treppenaufgang im Palácio da Bolsa ⬇

1978 wurde der „Mercado" geschlossen und fünf Jahre dem Zerfall anheim gestellt, bis man sich 1983 entschloss, den imposanten Bau zu restaurieren um darin ein Kulturzentrum zu etablieren.

Nach erneuter Renovierung zog hier 2010 der **„HardClub"**, ein ambitionierter Veranstalter kultureller Ereignisse aller Art, ein. Mit dem Schwerpunkt Musik sämtlicher Stilrichtungen, von Hip Hop bis Oper. Aber auch Bildende Kunst, Video, Kino und Literatur finden hier ihren Platz. Auch für das leibliche Wohl ist gesorgt; im Gebäude und auf der Terrasse gibt es viele Möglichkeiten kulinarisches zu sich zu nehmen.

Auf der Wiese vor dem „Mercado", der Praça do Infante D. Henrique kann man das Ende des 19. Jahrhunderts errichtete Denkmal Heinrich des Seefahrers bewundern. *(Heinrich der Seefahrer: siehe auch Seiten 18 & 19)*

Wem jetzt die Füße weh tun, obwohl er noch mehr sehen möchte, der begibt sich am besten wieder hinunter zur R. Infante D. Henrique und steigt dort in die nostalgische Straßenbahn der Linie 1. Darauf kommen wir aber später zurück *(siehe der Stadtteil Fos: Seite 35)*.

Wir Fitten gehen erst einmal die Rua Feireira Borges (5) hinauf, vorbei am Hotel da Bolsa, zum Largo S. Domingos, an dem der Palácio das Artes liegt und durch die Rua das Flores zum Bahnhof São Bento.

Vorbei am **Palácio das Artes,** der Stadtpalast gehört zum Weltkulturerbe der UNESCO und beherbergt heute eine Stiftung zur Förderung junger Künstler.

Auch temporäre Ausstellungen aller Kunstrichtungen werden hier gezeigt.

Die schöne **Rua das Flores** (8), (Straße der Blumen) - war einst die Straße der Silberschmiede, heute würde sie wohl eher den Namen Rua das Turistas (Straße der Touristen) bekommen. Neben der Igreja da Misericórdia, den zwei bis drei Gold- und Silberschmieden, die sich hier angesiedelt und überlebt haben, findet man hier ein Souvenirgeschäft, ein Restaurant und ein Café neben dem anderen. Der Bausubstanz der Straße hat diese Entwicklung allerdings nicht geschadet. Im Zuge des Touristenbooms wurden in den letzten Jahren viele Häuser saniert und leer stehende Geschäfte zu neuem Leben erweckt. So hat sich die Rua das Floras und der angrenzende Praça de Almeida Garrett, gegenüber dem Bahnhof São Bento, zu einem quirlig bunten Anlaufziel für viele Besucher der Stadt entwickelt.

Wer die Rua das Flores in ihrer gesamten Schönheit erleben möchte, der besucht sie am besten vor 10 Uhr am Vormittag, wenn noch nicht alle Cafés, Geschäfte und Restaurants geöffnet haben.

Am Praça de Almeida Garrett findet man das Touristeninformationsbüro den „Porto Welcome Center" und viele Veranstalter für Stadtrundfahrten und Touren aller Art, wie z. B. Bootsfahrten ins Dourotal oder Ausflügen zu anderen interessanten Orten im Norden Portugals. *(siehe auch: Flussfahrten auf dem Douro, Seite 47)*. Noch mehr Souvenirgeschäfte, Cafés und Restaurants, die Metro Station São Bento, sowie die Bushaltestelle u.a. für den Bus Nr. 500, der ans Meer Richtung Matosinhos fährt, sind hier auch vor Ort.

Der Mercado Ferreira Borges ⬇

Der Bahnhof „Estação de São Bento" (6)

Der Bahnhof S. Bento ist nicht nur ein wichtiger „Verkehrsknotenpunkt" *(siehe auch: Mit der Bahn Seite 11)*, sondern zählt auch zu den Sehenswürdigkeiten Portos. Die Wände des 1915 eröffneten Bahnhofs sind über und über mit Azulejos geschmückt, auf denen historische Motive abgebildet sind *(siehe auch: Azulejos Seite 55)*.

Durch eine Unterführung gelangt man von hier aus zum Praça da Liberdade und zur Avenida dos Aliados.

(Dieser Weg war allerdings bei Redaktionsschluss dieser Ausgabe durch eine große Baustelle gesperrt. Siehe auch Hinweis Seite 15)

Stadtplan Porto Ost

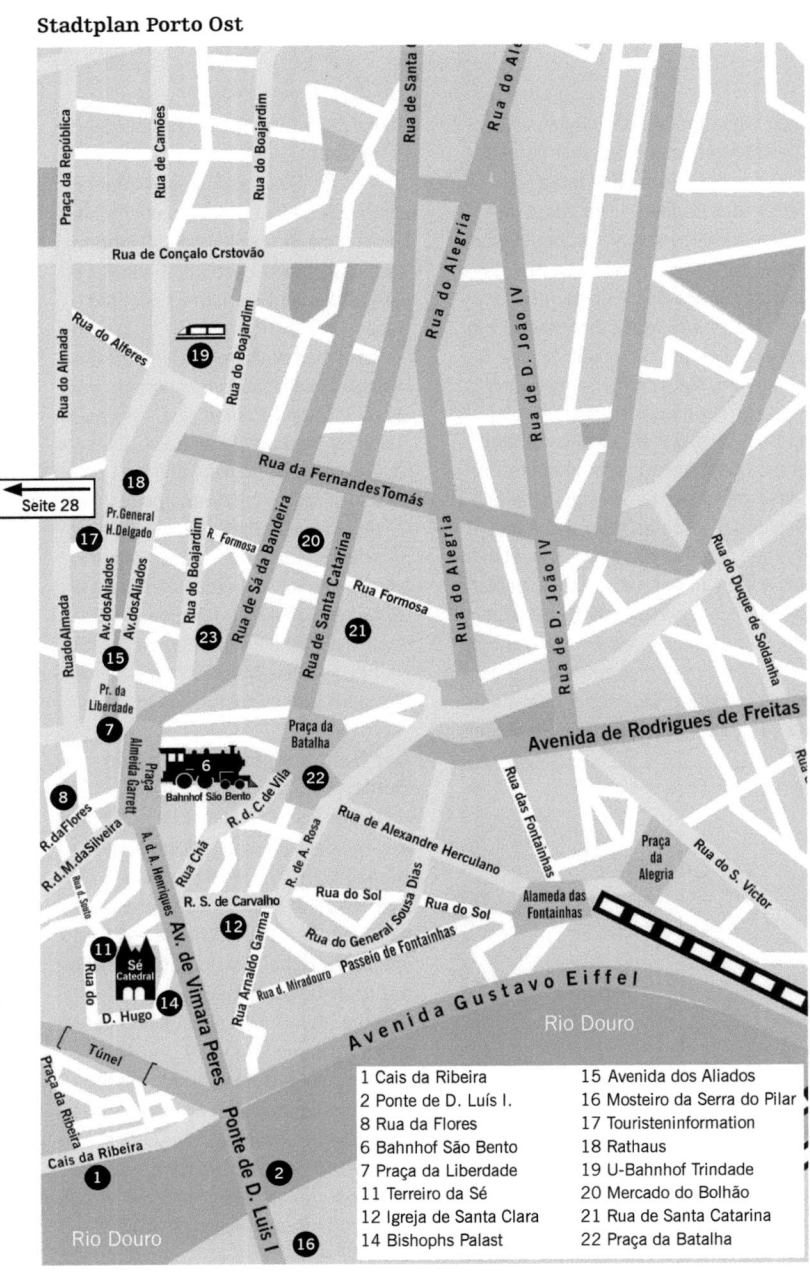

Praça da República
Rua de Camões
Rua do Boajardim
Rua de Santa
Rua do Al
Rua de Conçalo Crstovão
Rua do Alferes
Rua do Almada
Rua da Alegria
Rua de D. João IV
Rua do Boajardim

⑲

Seite 28

Rua da FernandesTomás

⑱

Pr.General H.Delgado

⑰

R. Formosa

⑳

Rua de Sá da Bandeira

Rua de Santa Catarina

Rua Formosa

Rua do Boajardim

Av.dosAliados
Av.dosAliados
Rua do Almada

㉓

㉑

⑮

Rua de D. João IV

Rua de D. João IV

Rua do Duque de Soldanha

Avenida de Rodrigues de Freitas

Rua

Pr. da Liberdade

⑦

Praça da Batalha

Praça Almeida Garrett

⑧

⑥

Bahnhof São Bento

㉒

Rua d. C. de Vila

Rua das Fontainhas

Praça da Alegria

Rua do S. Victor

R.daFlores
R.d.M.daSilveira
Rua J. Souto
A. d. A. Henriques
Rua Chã

R. de A. Rosa

Rua de Alexandre Herculano

R. S. de Carvalho

Rua do Sol

Rua do Sol

Rua Arnaldo Garma

Rua d. Miradouro

Rua do General Sousa Dias

Passeio de Fontainhas

Alameda das Fontainhas

⑫

⑪ Sé Catedral

Av. de Vimara Peres

⑭

D. Hugo

Rua do

Túnel

Avenida Gustavo Eiffel

Rio Douro

Praça da Ribeira

Cais da Ribeira

Ponte de D. Luís I

①

②

⑯

Rio Douro

1 Cais da Ribeira	15 Avenida dos Aliados
2 Ponte de D. Luís I.	16 Mosteiro da Serra do Pilar
8 Rua da Flores	17 Touristeninformation
6 Bahnhof São Bento	18 Rathaus
7 Praça da Liberdade	19 U-Bahnhof Trindade
11 Terreiro da Sé	20 Mercado do Bolhão
12 Igreja de Santa Clara	21 Rua de Santa Catarina
14 Bishophs Palast	22 Praça da Batalha

Von der Avenida dos Aliados

Die Avenida dos Aliados (15) ist Portos Prachtstraße und das Herz der Innenstadt. Diese sechsspurige Straße umschließt vom Praça da Liberdade (7) aus den Praça General Humberto Delgado und einen breiten Platz in deren Mitte. An ihrem Ende befindet sich die „Câmara", das Rathaus (18).

Bei Volksfesten, wie etwa dem am 23./24. Juli, das dem Heiligen Johannes (São João) gewidmet ist, oder wenn einer der städtischen Fußballclubs, FC- oder Boa-Vista Porto, die Meisterschaft oder den Pokal gewinnt, wird der Platz zur Partyzone.

Wer einen Geldautomaten sucht, ist hier genauso richtig – es gibt alle paar Meter einen – wie der, der sich in einem Café ausruhen möchte.

Nicht nur die großen Banken, sondern auch viele Cafés, Geschäfte und einige Hotels haben sich hier angesiedelt.

Von hier aus gehen die Straßen links und rechts bergauf in die östliche oder westliche Innenstadt.

ÖSTLICHE INNENSTADT

Im östlichen Teil befinden sich die Rua de Santa Catarina (21), der Mercado do Bolhão (20) und das berühmte Café Majestic. Sehenswert ist auch der Praça da Batalha (22) mit dem Theater Nacional S. João und der Kirche „Igreja de S. Ildefonso". Möchte man alle vier Orte in einem Rundgang besuchen, was zu empfehlen ist, geht man am besten die Avenida dos Aliados bis zur Rua Dr. Magalhães (23) entlang.

Die Avenida dos Aliados ↓

Von der Avenida dos Aliados

Die Straße hinauf, vorbei an der Praça D. João I., gelangt man auf die Rua Sá da Bandeira, wendet sich nach links bis zur Rua Formosa, wo man auf der anderen Straßenseite vor dem Mercado do Bolhão steht. **Der Mercado do Bolhão** ist Portos überdachter Frischmarkt. Blumen, Gemüse, Fisch, Fleisch und alles mögliche andere wird hier feilgeboten. Auch einen Kaffee kann man dort trinken oder nette Souvenirs erstehen. Ein buntes Treiben, sehr speziell, auch wenn man nichts kaufen möchte. Unbedingt einmal durchgehen!

Vorbei an der Markthalle oder hindurch, gelangt man zur Rua de Fernandes Tomás, rechts rum geht's zur Rua de Santa Catarina (21). An der Ecke Rua de S. Catarina/Rua de Fernandes Tomás steht, nicht zu übersehen, die kleine Kirche **„Capela das Almas"**, deren Fassade eins der schönsten Azulejos-Bilder der Stadt schmückt *(siehe auch: Azulejos, S. 55).*

Ist man schon mal in der Ecke, kann man auch in Erwägung ziehen, den Mercado do Bolhão einmal zu umrunden z. B. zunächst durch die Rua de Fernandes Tomas an der Markthalle vorbei bis zur Rua de Sà da Bandeira, nach links durch die Straße bis zur Rua Formosa, dann wieder nach links die Straße hinauf, so stößt man wieder auf die Rua de Santa Catarina *(Siehe unten).*

In der R. d. Fernandes Tomas und der Rua de Formosa findet man viele kleine historische Lebensmittelgeschäfte für Schinken, Käse, Portwein u.s.w., wie z. B. das Geschäft **A Favorita do Bolhão** in der R. d. Fernandes Tomas, oder **„A Pérola do Bolhão"**, eines der schönsten Lebensmittelgeschäfte der Stadt in der Rua Formosa sowie eine der schönsten Bäckereien, Café und Restaurant: die **„Confeitaria do Bolhão.**

Die **Rua de Santa Catarina** ist Portos bekannteste Einkaufsstraße, sie ist zum größten Teil Fußgängerzone, was an sich für Porto schon eine Besonderheit ist. Hier gibt es viele Cafés, Geschäfte jeden Bedarfs, zusätzlich ein Einkaufszentrum und das Grande Hotel do Porto mit beeindruckender Lobby.

Ebenfalls in der Rua de Santa Catarina befindet sich das **Café Majestic** (Nr. 112, Richtung Praça da Batalha). Das Café und Restaurant ist nach dem Café Brasileira in Lissabon das zweitberühmteste Café in Portugal mit unvergleichlichem Art déco Ambiente. Da in jedem Portugal Reiseführer erwähnt, sind mit dem Touristenboom in der Stadt die

---

Teatro Nacional de S. João am Praça da Batalha ↓

Preise in diesem schönen Café sehr in die Höhe geschnellt. Art déco Fans sollten dennoch keinesfalls der Verlockung widerstehen, hier eine Pause einzulegen, wenn auch der Kaffee im „Majestic" mindestens doppelt so viel kostet wie andernorts in Porto. Es ist halt das beeindruckendste seiner Art in der Stadt.

Weiter geht's über die Rua Passos Manuel zum **Praça da Batalha**. Der Praça da Batalha ist verkehrsberuhigt, eingerahmt von Cafés und Restaurants, dem Teatro Nacional de S. João, der Igreja de S. Ildefonso. und dem Kino **„Cinema Batalha"**, welches nicht nur Kino, sondern auch Café, Bibliothek und Galerie ist.

Das **Teatro Nacional de S. João**, Portos Nationaltheater, das 1798 erstmals seine Pforten öffnete, wurde 1908 von einem Feuer zerstört. Heute präsentiert sich der völlig rekonstruierte Musentempel in altem Glanz und ist Spielstätte wichtiger kultureller Veranstaltungen.

Zurück zum Praça da Liberdade und zur Avenida dos Aliados geht's die Rua 31° de Janeiro oder die Rua da Madeira hinunter.

WESTLICHE INNENSTADT

Eine der wichtigsten Sehenswürdigkeiten Portos ist die Igreja dos Clérigos. Vom Praça da Liberdade aus die R. dos Clérigos hinauf kann man die Kirche nicht verfehlen. Schon von unten sichtbar, thront sie auf einer Insel zwischen zwei gegabelten Straßen.

Igreja dos Clérigos (23)

Die barocke Kirche wurde vom italienischen Architekten Niccoló Nasoni

erbaut, der von 1725 bis zu seinem Tod 1773 in Porto lebte und hier begraben ist. *(Siehe auch: Niccoló Nasoni, Seite 32)* Der Grundstein zur Igreja dos Clérigos wurde 1732 gelegt, 1753 fand in ihr die erste Messe statt. Bis zur Fertigstellung des Turms arbeitete man jedoch noch insgesamt bis 1763 an dem Gotteshaus.

Hat man die Stufen zum 75 m hohen Turm erklommen, befindet man sich am höchsten Punkt der Innenstadt und hat einen wunderbaren Blick über die Dächer Portos.

WebTip:

www.torredosclerigos.pt auf dieser mehrsprachigen Website erfährt man alles über die Kirche und kann online Eintrittskarten erstehen.

Igreja dos Clérigos: R. S. Filipe Nery, Nov.-März: Mo.-Sa. 9.-12.15/14.30-17.15 Uhr. Sonn- und feiertags 9-12.15/ 14.30-18 Uhr. April-Okt. Mo.-Sa. 8.45.-12 30/14.30-19 Uhr. Sonn- u. feiertags 8.30-12.30/14.30-19 Uhr.

Rua das Carmelitas ↓

Von der Avenida dos Aliados

Schaut man vom Turm der Igreja dos Clérigos hinunter auf die Rua das Carmelitas, sticht einem die Jugendstilfassade der Buchhandlung **Editores Lello & Irmão** ins Auge, sie gilt als die schönste Buchhandlung Portugals. Da in jedem Portugal Reiseführer erwähnt, waren ihre Inhaber schon immer an Touristen gewöhnt. Kaum ein Besucher konnte der Versuchung widerstehen, ein Foto von der extravaganten Holztreppe, die in den 1. Stock führt, zu schießen. Da aber kaum ein Tourist dort je ein Buch gekauft hat, nehmen die Besitzer jetzt Eintritt. Seit sich herumgesprochen hat, dass die Autorin von Harry Potter, J.K. Rowling, einige Jahre in Porto gelebt und sich von vielen Dingen in dieser Stadt – u. a. angeblich auch von der Treppe in Lellos Buchhandlung für ihre Geschichte hat inspirieren lassen, gibt es kein Halten mehr. Man erkennt die Buchhandlung jetzt

schon an den Schlangen, die vor ihrer Tür stehen. Wer die Buchhandlung besuchen möchte, muss die Eintrittskarten vorher im Geschäft zwei Häuser links der Buchhandlung kaufen, es gibt sie nicht in der Buchhandlung. Am besten beim Turismo erkunden oder auf die Website der Buchhandlung gehen, dort kann man sie auch erwerben, www.livrarialello.pt. Der Eintritt kostet ca. 5 EUR. Wer ein Buch kauft bekommt das Geld zurückerstattet.

Das Viertel zwischen der R. Carmelitas und der R. de Ceuta mit der Praça D. Filipa Lencastre, an dem sich Portos ehemals erstes Haus am Platze, das Fünf-Sterne-Hotel Infante de Sagres, befindet, gehört zwar nicht zum Weltkulturerbe der UNESCO, aber ein Bummel durch die schmalen, meist verkehrsberuhigten Straßen lohnt sich allemal.

Die R. Carmelitas hinauf gelangt man zum Praça de Lisboa. Links davon, am Campo dos Mártires da Pátria,

Igreia do Carmo ⬇

Clubs und Bars

Die Rua da Galerie de Paris und die Rua do Conde de Vizela sind zum Szeneviertel mutiert. ㉖ *Karte Seite 28. Hier reiht sich eine Bar und ein Club an den nächsten, vor 22 Uhr passiert hier allerdings so gut wie gar nichts. An manchen Wochenenden werden die beiden Straßen zum Flohmarkt, dann ist hier auch tagsüber jede Menge los.*
(Siehe auch: Kneipe & Co, Seite 40)

befindet sich das **ehemalige Stadtgefängnis**, heute **Portos Fotoarchiv** und ein Museum.

In den Kneipen am Pr. Parada Leitão, zwischen der R. Camelitas und der Rua da Restauração, treffen sich Portos Studenten. Kein schlechter Platz, um an lauen Sommerabenden ein Bierchen oder ähnliches zu sich zu nehmen. *(Der Praça Parada Leitão war bei Redaktionsschluss dieser Ausgabe allerdings eine große Baustelle, also nix mit Gastronomie, siehe auch Hinweis Seite*

15) Gleich in der Nachbarschaft, am Praça Gomes Teixeira, befindet sich die alte Universität und in der Rua do Carmo die beiden Kirchen **Igreja das Carmelitas** und **Igreja do Carmo** (mit prächtiger Azulejos-Fassade).

TIPP: *In der Igreja do Carmo finden an manchen Wochenenden kostenlose Konzerte statt, meist angekündigt durch ein kleines Plakat an der Kirche. Wer eines dieser Konzerte genießen möchte, sollte rechtzeitig vor Ort sein und sich einen Platz möglichst weit vorne sichern. In den hinteren Reihen ist es wegen der vielen Besucher, die ständig rein und raus gehen, ziemlich unruhig, was es schwierig macht, dem Konzert zu folgen.*

Am Ende der Rua do Carmo, in der Rua Prof. Vicente J. Carvalho, liegt das Hospital Santo António. Rechts um das

Kleines Einkaufszentrum am Praça de Lisboa mit Bar („Bace") auf dem Dach. Im Hintergrund die Igreja dos Clérigos ↓

Stadtplan Porto West

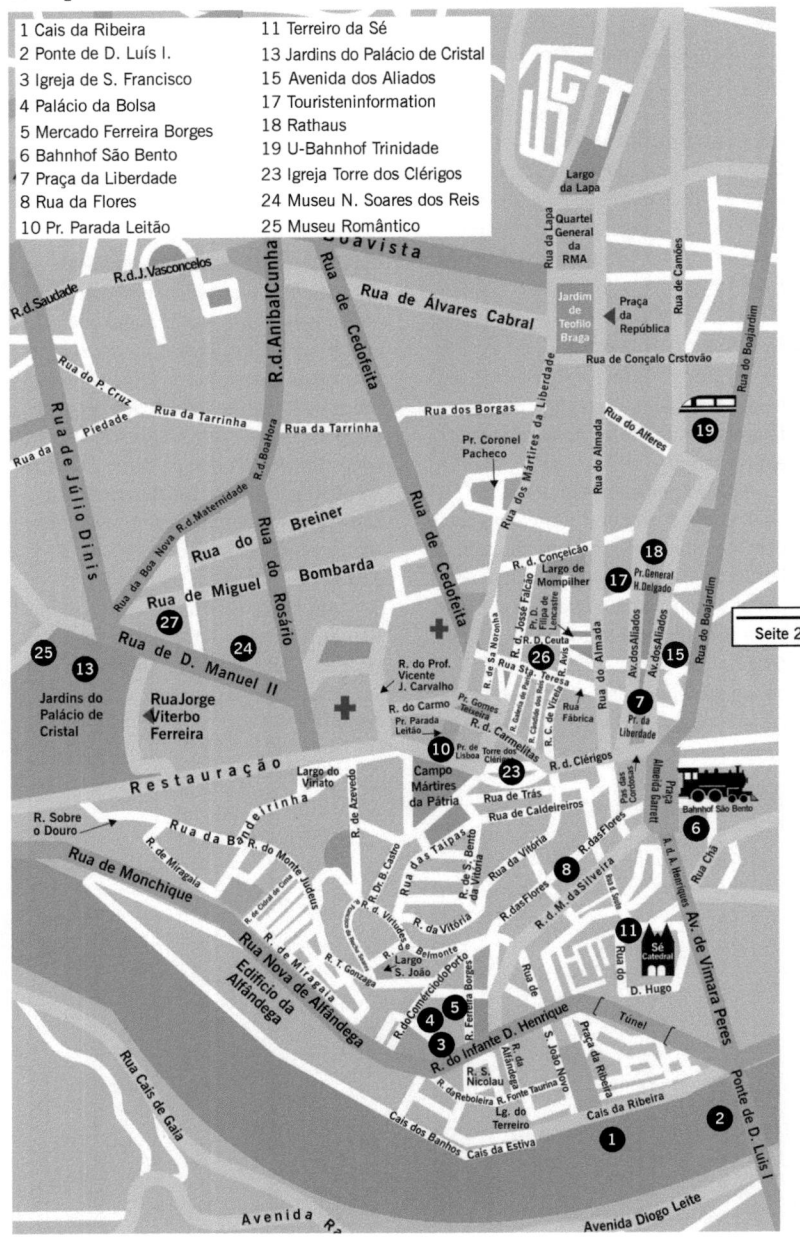

Seite 22

Hospital herum kommt man zur Rua de D. Manuel II, an der Portos Nationalmuseum Soares dos Reis liegt. Von der Rua Carmo sind es 15 Min. zu Fuß oder eine Station mit dem Bus.

Das **Museu Nacional Soares dos Reis** war Portos erstes Kunstmuseum, benannt nach dem gleichnamigen portugiesischen Bildhauer und Maler. Neben temporären Ausstellungen internationaler Künstler beherbergt es eine Sammlung portugiesischer Malerei und Plastiken des 16.-20. Jahrhunderts. Auch der Namensgeber Soares dos Reis (1847-89) ist mit zahlreichen Werken vertreten.

Von hier aus ist es nur noch einen Steinwurf weit die Rua de D. Manuel II hinauf bis zu den Gärten des Palácio de Cristal (13), die im 19. Jahrhundert vom deutschen Architekten Emil David entworfen wurden.

Jardins do Palácio de Cristal (13)

Hier sind Sie goldrichtig, wenn Sie im Freien entspannen möchten. Brunnen plätschern, Pfauen schlagen ihr Rad, und von den zahlreichen Aussichtspunkten hat man einen herrlichen Blick über die Stadt und den Douro bis aufs Meer hinaus.

Die Parkanlage, in die verschiedene Themengärten, Kinderspielplätze, Restaurants und eine Bibliothek integriert sind, wird dominiert vom Pavilhão Rosa Mota. Der Pavillon ist ein runder Kuppelbau mit beeindruckenden Ausmaßen. Die Namensgeberin Rosa Mota ist Portugals bekannteste Sportlerin und ihres Zeichens Marathonläuferin. Dreimal wurde sie Europameisterin (1982, 1986, 1990), einmal Weltmeisterin (1987) und 1988 Olympiasiegerin. In der Allzweckhalle finden Sport- und allerlei kulturelle Veranstaltungen statt.

Auch das kleine **Museu Romântico** liegt in dieser Parkanlage *(rechts vom Pavilhão Rosa Mota, im Garten Quinta da*

Jardins do Palácio de Cristal. ↓

Von der Avenida dos Aliados

Macieirinha gelegen). Das Musem ist ein ehemaliger Landsitz aus dem 18. Jahrhundert, welcher einer adligen Familie gehörte, und in dem auch der abgedankte König von Sardinien und Piemont, Karl Albert Amadeus seine letzten Wochen verbrachte und dort 1849 verstarb.

Mitte der 2000der Jahre wurde das Museum renoviert und eröffnete 2017 wieder seine Pforten.

Zu sehen gibt es eine Sammlung von Möbeln und Kunst aus der Zeit, Teppiche, Gemälde, Porzellan und viele andere Gegenstände, die das Leben und die Wohnatmosphäre wohlhabender Familien im Portugal des 19. Jahrhunderts widerspiegeln, soll.

Di. bis So. 10.00 - 17.00 Uhr

Treppengasse zum Douro ↓

Neben dem Museum in den Räumen des ehemalige Solar do Vinho do Porto befindet sich heute das hochpreisige Restaurant ANTIOVVM mit toller Terrasse und extravagantem Ausblick auf den Douro.

Von der Innenstadt aus erreicht man die Parkanlage mit dem Bus Nr. 200 oder 201.

Für die, die lieber zu Fuß gehen, hier ein Tipp für einen Rundgang.

Man begibt sich zunächst zur Igreja Torre dos Clericos *(siehe auch S. 25),* rechts an der Kirche vorbei gelangt man die Straße Rua das Camelitas hinauf über den Praça de Gomes Teixeira zur Igreja do Carmo *(siehe auch S. 27).* Rechts an der Kirche vorbei durch die Straße Pr. Carlos Alberto erreicht man den gleichnamigen Platz, links am Platz vorbei kommt man auf die Rua de Codefeita *(siehe auch: was noch, S.44),* geradeaus bis zur Rua de Miguel Bombarda *(Die R. M. Bombarda war einst bekannt für ihre vielen kleinen Galerien, viel ist davon nicht übrig geblieben und die Straße ist ziemlich runter gekommen).* Durch die Straße geradeaus bis zur R. da Boa Nova, dann wendet man sich nach links bis zur R. de Dom Manuel II und auf der anderen Straßenseite befindet sich der Eingang zur Parkanlage. Das Ganze ist zwar ein kleiner Umweg ist aber ruhiger und interessanter als der direkte Weg über die Hauptstraße *(siehe S. 29, Museum Soares dos Reis).*

TIPP: *Verlässt man hinter dem Museu Romântico die Parkanlage, gelangt man links bergab durch kleine Gassen hinunter zum Douro, sehr speziell.*

Die Sé Kathedrale und das Baredo

Über Portos ältestem Viertel, dem Baredo, ebenfalls zum Weltkulturerbe der UNESCO erklärt, thront das Terreiro da Sé, eine Art Hochplateau, auf dem Portos Kathedrale, die Sé, errichtet ist.

Die Sé (Die Kathedrale)

Vom Bahnhof São Bento die Avenida D. Afonso Henriques hinauf, kann man die ohnehin weit sichtbare Kirche gar nicht verfehlen. Wie eine Trutzburg und ursprünglich auch mit zu diesem Zweck errichtet, prangt der mächtige Bau über Portos Altstadt und dem Douro.

Die Bauarbeiten an der Sé begannen im späten 12. Jahrhundert. Entstanden ist eine Kirche im gotisch-romanischen Stil mit angrenzendem Kloster. Im 18. Jahrhundert wurde sie jedoch, dem Zeitgeist entsprechend, unter der Leitung des Architekten António Pereira, im Innern in ein barockes Gotteshaus umgewandelt.

Links vom mächtigen Hauptaltar, in der Capela do Santíssimo Sacramento, steht ein barocker Altar aus 800 kg Gold.

Lohnend ist auch die Besichtigung des ehemaligen Klosters. Vom gotischen Kreuzgang aus führt ein vom italienischen Baumeister Niccoló Nasoni *(siehe auch: Igreja dos Clérigos, Seite 25)*

Das Terreiro da Sé und dem darunter liegendem Baredo ↓

Die Sé Kathedrale und das Baredo

entworfener Treppenaufgang in die heiligen Hallen. Dort gibt es diverse sakrale Kunstschätze und Kirchengewänder zu bestaunen, deren Entstehung bis ins 15. Jh. zurückreicht. Es gibt viel zu sehen in Portos größter Kirche, und nicht zuletzt die Aussicht, die man von dort oben genießt, lohnt den Besuch.

Sé Catedral: Nov.-März: Mo.-Sa., 8.45-12.30/14.30-18 Uhr. Sonn-und feiertags 8.30-12.30/14.30-18 Uhr. April-Okt.: Mo.-Sa. 8.45-12.30/14.30-19 Uhr. Der Eintritt beträgt ca. 4 EUR

Gleich hinter der Sé befindet sich der Bischofspalast, ebenfalls von Niccoló Nasoni erbaut. Ein Bischof residiert hier zwar schon lange nicht mehr, aber dafür

Treppengasse im Baredo

Niccoló Nasoni

Niccoló Nasoni 1691-1773 italienischer Architekt und Maler, einer der bekanntesten Baumeister seiner Zeit, hat vor Allem in Portugal viele Spuren hinterlassen und war im 18. Jh. der wichtigste Architekt in Porto. Er wurde in San Giovanni Valdarno in Italien geboren und starb in Porto wo er auch begraben ist. (Siehe auch: Igreja dos Clérigos, Seite 25)

Die bekanntesten Bauwerke aus seinem Schaffen in Porto sind der Bischofspalast, die Igreja dos Clérigos und die Fassade der Igreja da Misericordia in der Rua das Flores. Jedoch werden ihm noch an die zwanzig weitere Bauwerke in der Stadt zugewiesen.

gehört der Palast zum Weltkulturerbe der UNESCO.

Vom Terreiro da Sé aus hat man mehrere Möglichkeiten, Porto noch weiter zu erkunden. Durch die Gassen des Baredoviertels gelangt man hinunter zum Douro zur Cais da Ribeira. Auf dem Weg dorthin, etwas unterhalb de Sé, am Largo do Colégio, liegt die Kirche „Igreja dos Grilos" aus dem 16. Jahrhundert.

Wer auf der oberen Ebene die Brücke Dom Luís I. überqueren möchte, geht vom Terreiro da Sé aus einfach die Avenida Vímara Peres entlang. Von dort oben kann man auch gleich die Kehrseite der Medaille betrachten: halb zerfallene Häuser und bittere Armut inmitten von Touristenattraktionen. Weiter über die Brücke gelangt man ohne mühsamen Aufstieg zum Mosteiro da Serra Pilar *(siehe auch:, Von der Cais da Ribeira Seite 17).*

Obwohl in jedem Reiseführer erwähnt, ist die kleine Kirche mit ihren Ursprüngen aus dem 15. Jh. **„Igreja de Santa Clara"** fast so etwas wie ein Geheimtipp. Unscheinbar hinter einem kleinen Platz, dem Largo de 1° de Dezembro, ganz in der Nähe der Sé gelegen, behütet das kleine Gotteshaus einen „Goldschatz", der es mit dem der „Igreja de São Francisco" (siehe Seite 18) locker aufnehmen kann. Hier ist zwar alles etwas kleiner als bei der großen Schwester, aber die vergoldeten Holzschnitzereien und Altäre haben irgendwie mehr Charme als in der protzigen São Francisco. Vom Terreiro da Sé begibt man sich zur Avenida D. Afonso Henriques, überquert diese, geht ein Stück die Rua Saraiva Carvalho hinauf und gelangt so rechter Hand zum Largo 1° de Dezembro.

Die Kirche wurde in den letzten Jahren renoviert und erscheint jetzt wieder in neuem alten Glanz. Nach der Renovierung hat man sich entschlossen, von den Besuchern Eintritt zu nehmen, und die Kirche ist jetzt mehr Museum als Gotteshaus, es finden dort nur noch zwei Gottesdienste in der Woche, dienstags und samstags um 18.00 Uhr, statt.

Dieses Schicksal teilt die Igreja de Santa Clara allerdings mittlerweile mit fast allen Kirchen in der Innenstadt.

Die ca. 4 EUR sollte man in diesem Fall allerdings gerne bezahlen, die Kirche ist wirklich ein Erlebnis und man kann jetzt auch Räume besichtigen, die vorher für den normalen Besucher nicht zugänglich waren.

Igreja de Santa Clara: Montag bis Sonntag, 9-13 und 14-19 Uhr, Dienstag und Samstag bis 17 Uhr.
WEB: *santaclaraporto.pt*

Stadtmauer von Porto an der Rua Arnaldo Gama, mit der Statue des gleichnamigen Dichters ⬇

Portwein

Portweinfässer mit einem Fassungsvermögen von bis zu 18.000 Litern

Über die Entstehung des Portweins gibt es viele Geschichten. Mir gefällt jene am besten, wonach die Welt den Portwein einer Panscherei aus dem 17. Jh. zu verdanken hat. Engländer, denen der Wein aus dem Dourotal nicht schmeckte, kamen auf die Idee, ihn mit Brandy zu vermischen. Dieses Gerücht kommt zumindest der Herstellung des Weines schon ziemlich nahe.

Portwein ist heute allerdings eines der edelsten Getränke im Universum und wird seit dem 18. Jh. nur unter strengsten Bestimmungen und Kontrollen (eingeführt vom Marquês de Pombal) hergestellt. Es gibt ihn von zuckersüß bis staubtrocken und von weiß bis tiefrot.

Die Geschichte des Weins geht allerdings bis ins 13. Jh. zurück. Schon damals wurde im Dourotal Wein angebaut, und als Vinho de Lamego (der Wein von Lamego) bezeichnet. Lamego ca. 100 km östlich von Porto war damals der wichtigste Ort in dieser Gegend.

Heute wird Portwein vom Instituto do Vinho do Porto kontrolliert und ist eine international geschützte Marke. Er darf nur aus Trauben einer eingegrenzten Region im Dourotal hergestellt werden.

Portweine sind in der Regel Cuvées. Das bedeutet, dass sie aus verschiedenen Sorten und sogar Jahrgängen zusammengestellt werden.

Die Ausnahme machen die sogenannten Vintage Ports, diese sind sortenrein und nur von einem bestimmten Jahrgang.

Der Trick, der dem Portwein seine besondere Note gibt, liegt darin, dass nach einigen Tagen der Gärung ein geschmacksneutraler Brandy hinzugegossen und so der Gärungsvorgang gestoppt, der Restzucker beeinflusst und der Alkoholgehalt erhöht wird.

Durch dieses Verfahren erhält der Wein auch seine lange Lagerfähigkeit, manche Sorten können 50 Jahre und länger aufbewahrt werden.

Die Trauben zu diesem ausgefallenen Getränk wachsen im oberen Dourotal zwischen Régua und Pinhão, wo sie besonderen Boden- und Klimaverhältnissen ausgesetzt sind.

Seine endgültige Reife bekommt der Wein dann in den Portweinkellereien von Vila Nova de Gaia. Die meisten dieser Traditionshäuser kann man besichtigen, manche verfügen auch über ein Museum.

Für fünf bis zehn Euro erfährt man hier vieles über Herstellungsverfahren und deren Geschichte und kann nicht zuletzt einige der köstlichen Tropfen degustieren *(siehe auch: Von der Cais da Ribeira, Seite 17 und Was Noch?, Seite 41).*

Portos Strandpromenade und der Stadtteil Foz

Weitab von Weltkulturerbe und touristischen Attraktionen – von der Fundação de Serralves und dem Porto Sea Lifecenter einmal abgesehen – bleibt Portos Stadtteil am Meer, Foz, von ausländischen Besuchern weniger beachtet.

Der Strand hat bezüglich der Wasserqualität zwar nicht den besten Ruf, aber dafür lässt die Strandpromenade keine Wünsche offen.

Zwischen dem „Forte de São João Baptista" (4), auch Castelo da Foz genannt, und dem „Castelo do Queijo" (5), zweier Wehrschlösser aus dem 16. Jh., zieht sich die Uferpromenade ca. 1,5 km am Meer entlang. Kleine Parkanlagen, Strand, Bars, Cafés, Restaurants und ein ungetrübter Blick aufs weite Meer bieten alles, was das Entspannung suchende Herz begehrt, wenn auch der Blick stadteinwärts meist an fantasie-

Pergolas an der Strandpromenade von Porto ↓

Portos Strandpromenade und der Stadtteil Foz

losen Wohnblocks im Stil der 1970er Jahre hängenbleibt.

Wer keinen Wert darauf legt, im Stadtzentrum zu wohnen und dafür lieber aufs Meer schaut, für den bietet sich die Übernachtung im Hotel Boa-Vista an, einem Drei-Sterne-Haus mit gepflegtem Altbauambiente und Swimmingpool auf dem Dach. Esplanada do Castelo, Tel. 225320020, ab ca. 80 EUR.

Nach Foz fährt man am besten mit der alten Straßenbahn Nr. 1. Sie startet bei der „Igreja de São Francisco" *(siehe auch: „Igreja de São Francisco" Seite 18)* und fährt bis zur Travessa dos Olivais (9). Schneller, dafür profaner geht's mit dem Bus Nr. 500 vom Bahnhof São Bento aus, er fährt bis Matosinhos. Auf dem Weg dorthin könnte man einen Stop in der World of Discoveries und dem Museu do Carro Eléctrico einlegen.

World of Discoveries (1)

Das interaktive Museum World of Discoveries erzählt die Geschichte der portugiesischen Entdeckungsreisen in Form eines Erlebnisparks. Zum Beispiel mit einer Bootsfahrt durch eine Dschungellandschaft, vorbei an Elefanten, Krokodilen, Raubkatzen und Giftschlangen. Beruhigenderweise sind diese weder lebend noch ausgestopft, sondern aus Acryl oder ähnlichen Materialien. Vor allem für Kinder ein tolles Erlebnis aber auch Erwachsene kommen auf ihre Kosten und schließlich ist im Restaurant für das leibliche Wohl gesorgt.

World of Discoveries , Rua de Miragaia 106, geöffnet: täglich 10.00 bis 18.00, am Wochenende 10.00 bis 19.00 Uhr
WEB: www.worldofdiscoveries.com

Museu do Carro Eléctrico (2)

Das Museu do Carro Eléctrico (Straßenbahnmuseum) ist ein Muss für Straßenbahn-Nostalgiker und interessant auch für alle anderen. Von den ersten, noch mit Pferden gezogenen Bahnen bis zu den modernsten U-Bahn-Wagen, die heute durch Portos Straßen rauschen, sind dort viele originale Exponate ausgestellt, sehr zu empfehlen!

Museu do Carro Elétrico, Alameda de Basílio Teles 5, geöffnet: Dienstag bis Sonntag 10.00 - 18.00 Uhr, Montag 14.00 -18.00 Uhr.
WEB: www.museudocarroelectrico.pt

Im Museu do Carro Eléctrico: Historische Straßenbahntür ↓

Porto Sea Life (6)

Das vergleichsweise kleine, aber feine Sea Life Center von Porto beherbergt rund 5800 Meeresbewohner, darunter Haie, Mantas, Schildkröten, Seepferdchen, Seesterne, Quallen, Tintenfische u.s.w. Auch Pinguine sind am Start und viele Unterwasserbewohner des Douros. Das Ganze wird in einer schön gestalteten Erlebniswelt präsentiert.

Allerdings kann man hier nicht nur Tiere beobachten, es gibt auch viele interessante Veranstaltungen und Führungen. Toll für Kinder z. B. ein Frühstück mit Haien, Wasserschildkröten oder Mantas füttern. Kindergeburtstage können gefeiern werden wie z. B. die beliebte Piratenparty und für Erwachsenen stehen sogar Hochzeitsfestivitäten auf dem Programm.

Kurz gesagt: eine gelungene kleine Erlebniswelt für die ganze Familie.

Sea Live Center Porto, R. Particular Nº 1, Castelo do Queijo 1ª, September bis Juni: 10.00 bis 18.00 Uhr am Wochenende, 10.00 bis 19.00Uhr, Juli, August: 10.00 bis 18.00, am Wochenende 10.00 bis 20.00 Uhr.
Bus Nr. 500 bis Haltestelle Castelo do Queijo **WEB:** www.visitsealife.com/porto/

Parque da Cidade (7)

Der Stadtpark von Porto ist die größte Grünanlage der Stadt. Ein sehr schöner Landschaftspark im Stil englischer Gärten. An Wochenenden ist er gut besucht, man trifft sich hier zum Fußballspielen, Joggen, Spazierengehen oder einfach nur zum relaxen. An der Avenida Boa Vista gelegen, erreicht man den Park mit dem Bus Nr. 500 bis zur Haltestelle Castelo do Queijo.

Interessant ist auch der **Pavilhão da Água (8)**, eine interaktives Miniwissenschaftsmuseum, in dem sich alles um das Wasser dreht.

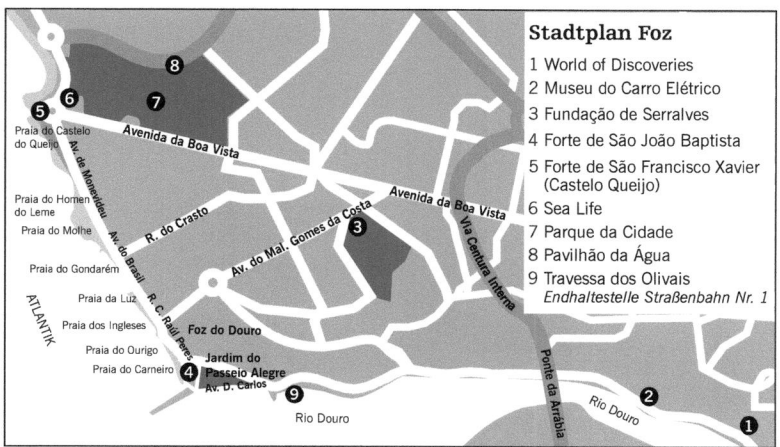

Stadtplan Foz

1 World of Discoveries
2 Museu do Carro Elétrico
3 Fundação de Serralves
4 Forte de São João Baptista
5 Forte de São Francisco Xavier (Castelo Queijo)
6 Sea Life
7 Parque da Cidade
8 Pavilhão da Água
9 Travessa dos Olivais
Endhaltestelle Straßenbahn Nr. 1

Portos Strandpromenade und der Stadtteil Foz

Estrada da Circunvalação, am nördlichen Ende des Parks gelegen.
WEB: www.pavilhaodaagua.pt

Fundação de Serralves (3)

Ohne Meeresblick, dafür aber in einer gepflegten Villengegend, sozusagen im Landesinnern des Stadtteils Foz, ist die „Fundação de Serralves" gelegen. Zum einstigen Anwesen eines Industriellen mit Villa und Parkanlage kam in den 1990er Jahren das „Museu Serralves de Arte Contemporânea" hinzu, erbaut vom Architekten Siza Vieira. Im neuen Museum finden temporäre Ausstellungen moderner Kunst und Fotografie statt, wärend die alte Serralves Villa eine Miro Ausstellung beherbergt, die man noch bis Juni 2025 bewundern kann.

Schon der Neubau lohnt den Besuch, ein Meisterwerk moderner Museumsarchitektur, das sich vor keinem internationalen Vergleich verstecken muss.

In der angrenzenden 18 Hektar großen Parkanlage, die

Kunstwerk von Claes Thure Oldenburg, in den Gärten von Serralves

in den 1930er Jahren vom französischen Landschaftsarchitekten Jacques Gréber entworfen wurde und in der es viele Kunstwerke zu besichtigen gibt, findet auch der Naturfreund alles, was das Herz begehrt. Der Besucher kann Rosengärten, Brunnen, und Teiche bestaunen, durchquert Kastanienalleen, findet Eukalyptus-, Pinien und Trompetenbäume, auch eine Weide für Kühe und Schafe fehlt nicht und vom neu angelegten Baumwipfelpfad kann man das Ganze von oben bestaunen.

Parque da Cidade

Siza Vieira

Der 1933 in Matosinhos geborene und in Porto lebende Architekt und Professor Álvaro Joaquim de Melo Siza Vieira, ist einer der renommiertesten und erfolgreichsten, mit vielen Preisen ausgezeichneten Architekten unserer Zeit. Die meisten seiner Bauwerke findet man zwar in Portugal, viele davon in Porto wie z. B. die Metrostation São Bento oder eben das Museum für Moderne Kunst Seralves. Seine Gebäude sind aber praktisch in ganz Europa verteilt. Zu seinen Bauwerken zählen Museumsbauten, Kirchen, Wohnhäuser, Werkanlagen, wie z. B. die der Vitra AG in Weil am Rhein oder Schwimmbäder wie das Görlitzer Bad in Berlin. Aber auch in den USA, Argentinien und Brasilien hat er seine Spuren hinterlassen.

2012 bekam er den Goldenen Löwen der Architektur-Biennale Venedig für sein Lebenswerk. Quelle: wikipedia.org

Im House of Cinema, das dem portugiesischen Filmregisseur und Drehbuchautor Manoel Cândido Pinto de Oliveira 1908 - 2015 gewidmet ist, kommen auch Cineasten auf ihre Kosten.

Der gesamte Komplex bildet das größte Kulturzentrum in der Region.

Fundação de Serralves, Rua D. João de Castro 210, Okt.-März: Di.-So. 10-19 Uhr, April-Sept.: Di.-Do. 10-19 Uhr, Fr. + Sa. 10-22 Uhr, Sonn- u. Feiertag 10-20 Uhr. Museum und Park ca. 20 EUR. An jedem 1. Sonntag im Monat ist der Eintritt von 10-13 Uhr frei. Montags geschlossen.

Die Fundação de Serralves erreicht man vom Centrum aus mit dem Bus Nr. 201 in Richtung Viso (Aliados-Viso) oder 502 in Richtung Castelo do Queijo (Bolhão-Castelo do Queijo)

WEB: www.serralves.pt

Fundação de Serralves

Was noch ?

Kneipe & Co

Cafés, Restaurants und Bars muss man in Porto eigentlich nicht suchen, man wird eher von ihnen gefunden.

Im Viertel rund um die alte Universität, *(siehe auch: Westliche Innenstadt)* findet man aber die meisten, vor allem für jüngeres Publikum. Ein angesagter Club, mit Live-Musik und DJ-Auftritten, ist **Plano B** in der Rua de Cândido dos Reis, in derselben Straße findet man noch mehr interessante Läden, auch in den Parallelstraßen wird man fündig. Auch um den Praça de Parada Leitão ist jede Menge los. Wer sich in dieser Gegend etwas treiben lässt, findet bestimmt die richtige Location. In diesem Viertel gibt es Kneipen, Cafés und Restaurants ohne Ende *(siehe auch Clubs und Bars: Seite 27)*, auch einige günstige **Hostels und Pensionen** haben sich hier angesiedelt. Am Praça de Lisboa, Passeio dos Jardim auf dem mit Gras bewachsenen Dach des kleinen Ein-

kaufszentrum befindet sich das **Base**, Café und Cocktailbar im Freien. *(www.baseporto.com)* Ein ausgefallener Ort für Chillfreaks mit passender Musik mitten im Zentrum und noch moderaten Preisen.

Zu erwähnen wäre noch Portos Filiale des **Hard Rock Cafes** in der Rua do Almada 120, abgehend von der Av. Dos Aliados. Der Name ist hier Programm, Restaurant und Café auf drei Etagen mit Rockmusik und Devotionalien an den Wänden sowie einem kleinen Shop für Hardrock-Cafe-Fans *(www.hardrock.com)*.

Ganz in der Nähe, Rua de Avis 27, liegt das Café AVIS, **Salão de Cha & Café Bilhares**. Ein geräumiges traditionelles Restaurant mit Billardtischen im Untergeschoss, das es schon seit Jahrzehnten gibt. Die Qualität der Speisen und des Services wird sehr unterschiedlich bewertet; es ist sicherlich nicht Gourmet, aber ich habe dort noch keine schlechten Erfahrungen gemacht.

Freunden des Lungenkarzinoms kann man die Shishabar, Lounge und Bistro **hokkah**, an der Praça General Humberto Delgado 307, in der Nähe des Rathauses empfehlen. Menschen in Trainingsanzügen haben dort allerdings ausdrücklich keinen Zutritt.

In der Östlichen Innenstadt *(siehe auch: Östliche Innenstadt)* gibt es um

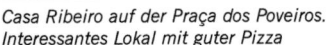

Casa Ribeiro auf der Praça dos Poveiros. Interessantes Lokal mit guter Pizza ↓

den Praça da Batalha und vor allem auf dem Praça dos Poveiros eine nette kleine Restaurant- und Kneipenszene.

Unweit vom Praça da Batalha, am Largo do Actor Dias 51, befindet sich der **Hotfive Blues & Jazz Club**. Ein netter kleiner Liveclub, in dem überwiegend lokale Bands des Genres auftreten *(www.hotfive.pt)*.

Eine ausgefallene Location ist **Maus Hábitos** in der Rua de Passos Manuel 178, gegenüber dem Coliseu do Porto, im 4. Stock neben einer Garage, sehr speziell. Hier hat sich ein kleines, aber feines alternatives Kulturzentrum entwickelt mit Restaurant, Galerie und Livebühne. Musikalisch liegt der Schwerpunkt auf elektronischer Musik *(www.maushabitos.com)*.

Gleich neben dem Coliseu findet man den **Nachtclub Boîte**, mit Hip Hop und Artverwandtem, Nachtclub im wahrsten Sinne des Wortes, vor Mitternacht passiert hier gar nichts.

In derselben Straße gibt es noch einige andere Cafés und Restaurants.

Nicht zu vernachlässigen ist auch die Rua de Santa Catarina, allerdings wird dort spätestens um 23 Uhr der Bürgersteig hochgeklappt. *(Siehe auch Rua de Santa Catarina, Seite 24)*.

WebTipp:

www.tripadvisor.de/Restaurants, auf dieser Website findet man viele Restaurants in Porto mit Adresse, Öffnungszeiten Preisniveau und Bewertungen. Außerdem gibt es dort die Möglichkeit, Tische online zu reservieren.

Portweinkellereien

Die Portweinkellereien haben sich in Vila Nova de Gaia nieder gelassen, *(siehe auch: Portwein und Von der Cais da Ribeira, Seite 17)*, die meisten von ihnen kann man für 5-15 EUR besichtigen und vor Ort die edlen Tropfen verkosten. Ein Tipp wäre die kleine private portugiesische Kellerei **Augusto's** in der Rua de França 10, Führungen mit Verkostung kosten ca. 5 EUR. Wer anschließend Wein kauft bekommt den Eintritt verrechnet *(www.portoaugustos.pt)*.

Eine nicht kommerzielle Führung bekommt man im **Instituo dos Vinhos do Douro e Porto** „Portweininstitut", welches sich im Gebäude neben dem Börsenpalastes in der Rua De Ferreira Borges 27 befindet *(www.ivdp.pt, siehe auch Seite 20)*

Theater und Konzert

Porto hat eine amtliche Kulturszene und gar nicht wenige Spielstätten. Empfehlenswert ist es, die ein oder andere Website der Veranstaltungsorte zu besuchen, hier kann man am besten das aktuelle Programm erfahren.

Casa da Musica ↓

Was noch ?

Nachfolgend einige Tipps:

Coliseu do Porto, Rua de Passos Manuel 137, großes Musiktheater, in dem Veranstaltungen aller Genres, von Ballett bis Rockmusik stattfinden (www.coliseu.pt).

Casa da Música, modernes Musiktheater mit Café Bar in der es auch kostenlose Konzerte gibt. Das Haus kann man mit einer Führung besichtigen (www.casadamusica.com).

Hard Club, Mercado Ferreira Borges, Rua da Bolsa 19, gegenüber des Börsenpalastes, hier liegen auch Programme aus sowie das kostenlose Veranstaltungsmagazin „Ticketline" mit Veranstaltungshinweisen in Portugal (www.hard-club.com).

Teatro Sá da Bandeira, Rua de Sá da Bandeira 108, schönes altes Theater mit Veranstaltungen unterschiedlichster Genres. www.teatrosadabandeira.pt

Teatro Nacional São João, Portos ältestes Theater im Art-Deco-Stil, mit überwiegend klassischen Veranstaltungen (www.tnsj.pt).

Das Teatro Sá da Bandeira ⬇

Eine brauchbare Website, auf der man in ganz Portugal eigentlich alles findet ist: www.visitportugal.com

Baden und Surfen

Badestrände gibt es in Porto im Stadtteil Foz *(siehe auch: Portos Strandpromenade und der Stadtteil Foz Seite 35)*, den Strand für Surfer findet man in Matosinhos, nördlich der Av. da Boavista. Auch in Vila Nova de Gaia gibt es schöne Strände zum Baden und Surfen. Ein Ausflugstipp hierfür ist auch Espinho *(siehe Ausflüge von Porto Seite 49)*.

Fahrrad

Schöne Radwege findet man am Meer an der Uferpromenade von Foz und in Gaia auf der anderen Seite des Douros. *(Siehe auch: von der Cais da Ribeira, Seite 17 und Espinho, Seite 50)*

Fahrräder leihen kann man z. B. bei: **Northroad** in der Rua de Camões 703, in der Nähe der Metrostation Faria Guimarães, oder bei **Vieguini**, R. Nova da Alfândega 7, gegenüber der Igreja São Francisco. Auch E-Bikes und motorisierte Zweiräder sind im Angebot.
Northroad: www.northroad.pt
Vieguini: www.vieguini.pt

Einen Versuch ist es auch wert in einem der offiziellen Touristeninformationsbüros nachzufragen (siehe auch: Informationen für Touristen, Seite 13)

Alternative Stadtführungen

The Worst Tours bieten Touren zu Fuß durch Porto in „Ecken" in die sich normalerweise kein Tourist verläuft. Abseits der üblichen Touristenruten. Der

Worst Tours Kiosk befinde sich in der Av. Rodrigues de Freitas beim Pak Jardim de Sa. Lázaro. Sozusagen eine alternative Touristeninformation. Auf der Website: theworsttours.weebly.com erfährt man alles über das Projekt und kann auch Touren buchen.

Bluedragon bietet alternative Stadtführungen zu Fuß, per Fahrrad oder mit Segways an. Hier geht es nicht nur, aber auch zu Orten, die man als Ortsunkundiger höchstens durch Zufall findet (www.bluedragon.pt).

WebTipp:

Viele Interessante und alternative Touren in ganz Portugal findet man auch auf: www.portugal.com

Einkaufen
Supermärkte

Pinco Doce diese Supermarktkette ist in Porto weit verbreitet und die Läden sind relativ gut sortiert, hier ein paar zentrale Adressen. **Östliche Innenstadt:** R. de Passos Manuel 221, nahe dem Coliceu, Campo 24 de Agosto 173A, R. de Sá da Bandeira 385. **Westliche Innenstadt:** Pr. da República 58, R. de Cedofeita 438.

Auch der Discounter **Mini Preço** ist weit verbreitet. **Östliche Innenstadt:** R. do Campinho 70, Rua de Sá da Bandeira 35, R. da Firmeza 12.

Westliche Innenstadt: Largo dos Lóios 46, R. de Miguel Bombarda 313.

Im **Centro Comercial Trindade**, nahe der U-Bahnstation. Av. dos Heróis e Mártires da Guerra da Angola 49, findet man auch brauchbare Läden.

Die Öffnungszeiten variieren zwischen 8.30 bis 21 oder 22 Uhr

Kleine Geschäfte

Überall in Porto gibt es auch viele kleine, häufig schön gestaltete Lebensmittelgeschäfte die ein breites Angebot an Waren haben. Eines der schönsten der Stadt ist sicherlich **A Pérola de Bolão** in der Rua Formosa 279, gegenüber der Markthalle Mercado do Bolão. In derselben Straße findet man noch einige andere nette Geschäfte und Bäckereien. Genau gegenüber der Markthalle z. B. die **Confeitaria do Bolão**, eine wunderschöne Bäckerei mit Café und Restaurant im Untergeschoss.

Auch in der Rua Fernandes Tomas findet man noch einige sehr schöne traditionelle Lebensmittelgeschäfte, für Käse, Wein u.s.w. *(siehe auch Seite 24).*

Noch mehr Shoppen

Die Rua de Santa Catarina ist, wie schon erwähnt, Portos berühmteste Einkaufstraße, allzu viel sollte man

Café Majestic in der Rua de Santa Catarina ⬇

Was noch ?

allerdings nicht erwarten. Im Vergleich zu solchen Straßen in anderen europäischen Großstätten ist sie wirklich nichts besonderes. Dennoch gibt es hier einige nette Geschäfte, ein paar Restaurants, viele Cafés mit verlockender Konfiserie und eine kleine Shopping Mall. Wer einen neuen Koffer braucht, wird vielleicht bei **Misako** fündig, hier gibt es Rollkoffer und Taschen in allen Variationen mit ausgefallenen Mustern. Eines der besonderen Geschäfte in dieser Straße, wie ich finde. Ecke Rua de Fernandes Tomás, direkt bei der U-Bahn Station Bolão.

Auch in der westlichen Innenstadt kann man sein Geld los werden z. B. bei **Fernandes, Matos & Co**, in der Rua das Carmelitas 114, Ecke Galeria de Paris. Ein sehr schönes Geschäft im Jugendstil, in dem man auf zwei Etagen von der kitschigen Tasse über Stoffe bis Portwein alles kaufen kann, was man nicht braucht, aber vielleicht gerne hätte. Nicht so berühmt wie die R. de S. Catarina aber auch Fußgängerzone ist die Rua de Cedofeita, sie geht vom Praça de Carlos Alberto ab (übrigens einer der am schönsten gepflasterten Plätze der Stadt). Auch hier findet man jede Menge Geschäfte, Restaurants und Cafés. Erwähnenswert wäre noch die **Casa Oriental**, ein besonders schönes Lebensmittelgeschäft in der R. Campo dos Mártires da Pátria, beim Torre dos Clérigos.

Man könnte noch Bände füllen mit derartigen Tipps, wer sich einfach durch die Straßen von Porto treiben lässt, findet in nahezu allen Stadtteilen der Stadt jede Menge Gelegenheiten zum Einkaufen und immer mal wieder besondere Geschäfte.

A Pérola de Bolão Lebensmittelgeschäft in der Rua Formosa

Nahverkehr und Portocard

Die alten Straßenbahnlinien in Porto sind fast gänzlich verschwunden, doch auf ein paar ausgesuchten Strecken sind sie erhalten geblieben bzw. reaktiviert worden. Man kann auf diesen wie in alten Zeiten gemächlich durch die Straßen fahren, auch Stadtrundfahrten damit sind im Programm.

WebTipp:

Eine interessante mehrsprachige Webseite u.a. für Stadtrundfahrten in Porto ist: www.oporto.ticketbar.eu

Yellow Bus

Der Yellow Bus bietet ab ca. 20 Euro eine gute Möglichkeit, mit großer Reichweite die Stadt bequem anzuschauen und zu erkunden. Auch in Braga *(siehe auch: Seite 54)* ist der Yellow Bus unterwegs. Eine interessante Website dafür ist: www.yellowbustours.com, hier kann man die Tickets für den Bus online buchen.

Die städtischen Busse und U-Bahnen bieten zusätzlich eine gute Möglichkeit, sich in der Stadt zu bewegen. Beim Turismo bekommt man Streckenpläne für alle Verkehrsmittel, die man auch an den Haltestellen wiederfindet, sodass man sich relativ leicht zurechtfinden kann. Einzelfahrscheine und Tageskarten für den Bus oder die Straßenbahn kann man im Bus, der Straßenbahn oder im Büro der Gesellschaft STCP im Bahnhof São Bento kaufen. Dort gibt es auch Zehner-, Wochen- und Monatskarten. Kauft man Fahrscheine für den Bus oder die Straßenbahn im jeweiligen Verkehrsmittel, sind sie dort etwas teurer. Fahrscheine für die U-Bahn gibt's am Automat. Diese muss man vor der Fahrt am Bahnsteig entwerten.

U-Bahn, Straßenbahn und Bus werden von zwei verschiedenen Gesellschaften betrieben, sodass Fahrscheine für den Bus in der U-Bahn oder Straßenbahn keine Gültigke t haben und umgekehrt.

Eine gute Variante ist das sogenannte „**Andante Tour Ticket**", dieses kann man an allen Automaten in den Bahn- und U-Bahnhöfen kaufen. Es ist gültig für den Bus, die Straßenbahn, die U-Bahn und Regionalzüge *(Superbanhos: siehe auch Seite 11, mit der Bahn)* und kann je nach Bedarf gleich für mehrere Fahrten aufgeladen werde. Es ist auch als 1-Tages- oder 3-Tageskarte erhältlich.

WebTipp:

Webseiten für den Nahverkehr

FÜR BUSSE: www.stcp.pt
FÜR DIE METRO: www.metrodoporto.pt
FÜR ZÜGE: www.cp.pt
Auf diesen Seiten findet man viele Informationen mit Routenplanern und Fahrplänen.

Portocard

Die Portocard ist eine Discountkarte, die freien oder ermäßigten Eintritt in Kirchen, Museen etc. bietet, und in der Variante mit öffentlichen Verkehrsmitteln freie Fahrt in Bussen, Straßen- und U-Bahnen. Man bekommt sie in den Touristenbüros in Porto und manchen Hotels. Es gibt sie ab ca. 6 EUR für ein, zwei oder drei Tage. Eine lohnende Anschaffung, wenn man viel besichtigen möchte.

Übernachten in Porto

In Porto gibt es eine breite Palette an Unterkünften vom Fünf-Sterne-Hotel bis zur Jugendherberge, Hostels und Campingplatz. Bei einigen nationalen Festivitäten, wie z.B. am 23./24. Juli (São João) und in der Hauptsaison von Juli bis Oktober, ist es ratsam, so lange wie möglich vor der Ankunft ein Zimmer zu buchen. Zu diesen Zeiten sind die Hotels schnell ausgebucht und sie nehmen dann Preise, die oft in keinem Verhältnis zum Gebotenen stehen.

In den Hotels ab drei Sternen gibt es eigentlich immer jemanden an der Rezeption, der mindestens Englisch spricht, oft auch Französisch oder Spanisch. Menschen mit deutschen Sprachkenntnissen trifft man eher selten. In bescheideneren Unterkünften, wie Pensionen oder Ein- und Zwei-Sterne-Hotels, sind Fremdsprachen nicht so sehr verbreitet.

Am besten bucht man sein Zimmer über die gängigen Internetportale, dort bekommt man immer die besten Zimmer und Preise. Da heute praktisch jeder das Internet in der Tasche hat, macht es keinen Sinn mehr, hier ausführliche Informationen über Hotels abzudrucken.

Zur groben Orientierung
EINIGE ZENTRAL GELEGENE HOTELS UND PENSIONEN.

Hotel Infante de Sagres ***** Praça D. Filipa de Lencastre 62 historisches Luxushotel ab ca. 230 EUR westliche Innenstadt

Hotel Mercure Porto Centro **** Praça da Batalha 116, solides 4 Sterne Hotel, ab ca. 130 EUR östliche Innenstadt

Hotel D. Henrique **** Rua Guedes de Azevedo 179 - 221, modernes 4 Sterne Hotel, ab ca. 130 EUR, östliche Innenstad

Hotel da Bolsa *** Rua Ferreira Borges 101 gutes traditionelles 3 Sterne Hotel ab ca. 80 EUR Innenstadt, nahe der Börse

Hotel Internacional *** Rua do Almada 13 solides traditionelles 3 Sterne Hotel ab ca. 80 EUR gute Lage westliche Innenstadt

Moov Hotel *** Praça da Batalha 32 schönes 3 Sterne Hotel ab ca. 95 EUR, super Lage östliche Innenstadt

Hotel dos Aliados *** Rua Elísio de Melo 27 tratitionelles 3 Sterne Hotel ab ca. 100 EUR mitten im Zentrum

Hotel Ibis Porto Centro ** Rua da Alegria 29 A solides Ibis Hotel ab ca. 100 EUR östliche Innenstad

Hotel do Norte ** Rua Fernandes Tomas 579 einfaches 2 Sterne Hotel ab ca. 60 EUR, östliche Innenstadt, sehr gute Lage

Pensao Residencial Belo Sono, Rua Passos Manuel 186, einfache Pension ab ca. 60 EUR, gute Lage östliche Innenstadt

Oporto Invictus Hostel (Jugendherberge) Rua das Oliveiras 73 oportoinvictushostel.com

Pousada da Juventude (Jugendherberge) Rua Pauto da Gama 551 pousadasjuventude.pt

SIEHE AUCH:
HOSTELS SEITE 57

Flussfahrten auf dem Douro

Wer die Zeit und den nötigen Spielraum in der Reisekasse hat, der sollte unbedingt eine der angebotenen Flussfahrten den Douro hinauf oder hinunter unternehmen.

Bei keiner anderen Gelegenheit kann man die Schönheit des Dourotals besser genießen. Es werden ab ca. 70 EUR ein- bis zweitägige Fahrten, Wochenend- und einwöchige Fahrten mit Voll- oder Halbpension von mehreren Veranstaltern angeboten. Bei der klassische Eintagesvariante fährt man mit dem Zug nach Peso da Rêgua und zurück mit dem Schiff oder umgekehrt. Buchbar z. B. bei **Living Tours** (www. livingtours.com) ein sehr interessanter Veranstalter der die unterschiedlichsten Touren in und um Porto und darüber hinaus anbietet.

Auch der deutsche Reiseveranstalter **Olimar** hat Kreuzfahrten auf dem Douro im Programm.

Weitere Adressen für Dourotouren:
Cruzeiros Douro
(www.cruzeiros-douro.pt).
Rota do Douro, Av. de Diogo Leite 438, Vila Nova de Gaia (www.rotadodouro.pt).
Portodouro, Praceta D. Nuno Álvares Pereira, nº 20, 3º andar, sala CN, Tel. (+351) 229 389 933, Matosinhos (www.portodouro.com).

Die kleine Variante sind die so genannten Sechs-Brücken-Fahrten. Hier wird man für ca. 13 EUR unter den sechs Brücken, die den Douro bei Porto überspannen, entlanggeschippert und fährt dabei bis zur Flussmündung *(siehe auch: Von der Cais da Ribeira Seite 17).*

Der Douro bei Peso da Rêgua

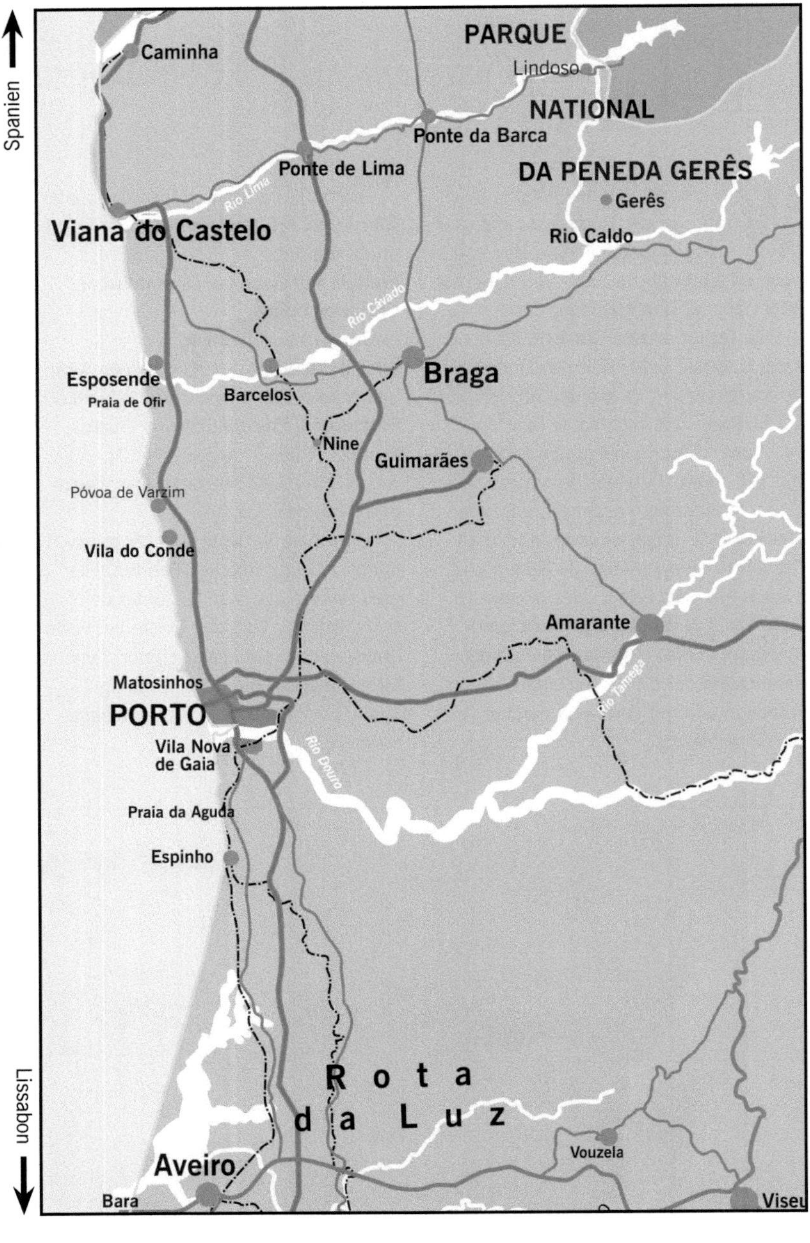

Spanien

PARQUE

Caminha

Lindoso

NATIONAL

Ponte da Barca

Ponte de Lima

DA PENEDA GERÊS

Rio Lima

Gerês

Viana do Castelo

Rio Caldo

Rio Cávado

Braga

Esposende

Barcelos

Praia de Ofir

Nine

Guimarães

Póvoa de Varzim

Vila do Conde

Amarante

Rio Tâmega

Matosinhos

PORTO

Rio Douro

Vila Nova
de Gaia

Praia da Aguda

Espinho

R o t a

d a   L u z

Lissabon

Vouzela

Aveiro

Bara

Viseu

Ausflüge von Porto

Porto ist nicht nur eine interessante Stadt, es eignet sich auch vorzüglich als Stützpunkt für Ausflüge in die nähere Umgebung. Wer mit dem Miet- oder eigenen Wagen unterwegs ist und gerne fährt, kann fast den ganzen Norden von hier aus erkunden. Aber auch für Reisende, die auf öffentliche Verkehrsmittel angewiesen sind, gibt es viele lohnende Ziele, die man gemütlich mit Bus oder Bahn erreichen kann. Selbst nach Braga *(siehe auch: Braga, Seite 54)* kann man an einem Tag locker hin- und zurückfahren.

Mit der Bahn

In Porto gibt es zwei Bahnhöfe: Campanhã und São Bento. Campanhã, ganz im Westen, außerhalb der Innenstadt, (am leichtesten mit der Bahn oder U-Bahn vom Bahnhof São Bento zu erreichen) ist der Fernbahnhof. Von dort fahren Züge in alle Richtungen, wie z. B. nach Lissabon, an die Algarve oder nach Braga.

Der zentralste Bahnhof ist São Bento *(siehe Stadtplan Seite 28)*. Hier fahren Züge über Campanhã nach Braga, Aveiro, ins Douro-Tal und die Region Minho. Im Informationszentrum bekommt man kostenlos kleine Fahrpläne sämtlicher Zugverbindungen von und nach Porto *(siehe auch: Bahnhof São Bento Seite 21)*. Alle Züge, die vom Bahnhof São Bento aus losfahren, halten auch im Bahnhof Campanhã.

Fahrkarten für den Zug oder die U-Bahn muss man vor der Fahrt immer am Schalter oder Automaten lösen. U-Bahn- oder Suburbanotickets müssen vor Fahrtantritt am Bahnsteig entwertet

werden. *Suburbanos sind super-moderne Nahverkehrszüge, die auch in allen kleinen Orten halten.*
(siehe auch: WebTipp, Seite 12)

Mit dem Bus

Leider gibt es in Porto keinen zentralen Busbahnhof. Es gibt mehrere Unternehmer, die alle ihre eigenen Abfahrtsorte haben. Die nationale Buslinie RN hat ihren Terminal in der Rua Alexandre Herculano. Von dort fahren vor allem Busse zu kleineren Orten in der Umgebung *(geht vom Pr. da Batalha ab, siehe Stadtplan Porto Ost, Seite 22)*.

In Richtung Vila Real und Amarante fahren die Gesellschaften Roda Norte in R. Dr. Manuel Pereira da Silva 164, und Rede Expressos Campo 24 de Agosto 125. Es macht keinen Sinn, hier alle aufzuzählen. Manchmal wechseln die Gesellschaften auch ihren Standort, sodass man nie sicher sein kann.

Am besten geht man zur Touristeninformation, dort bekommt man immer

Ausflüge von Porto

WebTipp:

gut erklärt, von wo aus es losgeht und erhält teilweise auch Fahrpläne. *(Touristeninformation: siehe auch: Informationen für Touristen, Seite 13)*

Nützliche Webseiten für den Bus mit Abfahrtszeiten und Fahrplänen sind:
Rodo Norde: www.rodonorte.pt
Rede Expressos: www.rede-expressos.pt
AV Minho: www.avminho.pt

Hier einige Ausflugsziele, die man von Porto aus in maximal zwei Stunden erreichen kann:

ESPINHO

Espinho, ca. 20 km südlich von Porto entfernt, ist der ideale Ort, wenn man mal eben schnell zum Baden fahren möchte. Strand und Wasser dürften etwas sauberer sein als in der Nähe der Großstadt.

Espinho ist ein Badeort mit großem Casino, einem schönen Strand und allem, was sonst noch so dazu gehört. Auch bei Surfern ist der Ort sehr beliebt, es gibt dort einen Ausrüstungsverleih mit Surfschule. Espinho ist aber nicht gerade ein Geheimtipp in der Hauptsaison, bis Mitte September und an Wochenenden ist der Strand kein einsamer.

In den letzten Jahren sind hier einige neue Bettenburgen und moderne Strandbars entstanden. Das sieht nicht immer schön aus, aber die Bebauung hält sich noch in Grenzen.

Der Strand ist breit, ewig lang und wer es etwas ruhiger mag, findet hier auch seinen Platz.

In Richtung Norden führen Holzstege durch die Dünenlandschaft, auf denen man zu Fuß oder mit dem Fahrrad praktisch bis Porto gelangen kann. Mit dem Fahrrad auf den Stegen zu fahren ist verboten aber die wenigsten halten sich daran. Für Fußgänger ist es allerdings vermutlich nicht sehr witzig, andauernd dahin rasenden Zweirädern ausweichen zu müssen. Alternativ gibt es parallel einen Fahrradweg, aber der verläuft halt hinter den Dünen ...

Auf dieser Strecke findet man viele schöne Stellen am Meer und immer wieder kleine Orte mit Restaurants und Cafés.

Kapelle Senhor da Pedra, am Strand auf dem Weg nach Espinho ⬇

Espinho eignet sich auch als Ausweichziel für **Übernachtungen**. Es gibt eine breite Palette an Unterkünften, vom Vier-Sterne-Hotel bis zur Jugendherberge und das Preis-Leistungsverhältnis ist wesentlich besser als in Porto. Das **Turismo**, welches hier „Loja Interativa de Turismo" heißt, befindet sich ca. 200 m vom Bahnhof entfernt in der Avenida 8 - Centro Comercial Solverde. Vom Bahnhof geradeaus in nördlicher Richtung, linker Hand zum Meer hin, also leicht zu finden. Dort kann man sich über Unterkünfte informieren. Hilfreich sind auch hier die einschlägigen Hotelwebseiten.

Hier zwei Tipps:
• **Direkt am Strand**
Praiagolfe Hotel****, Rua 6
Tel. +351 22 733 1000
• **Für kleineres Geld**
im Doppelzimmer oder Schlafsaal, nicht weit vom Strand
Espinho Guest House, Rua 29
Tel. +351 224 965 748
www.espinhoguesthouse.com

Von Porto aus erreicht man Espinho am besten mit dem Zug. Es gibt tägl. viele Verbindungen von den Bahnhöfen Campanhã und São Bento. **Von São Bento mit dem Nahverkehrszug „Suburbano" dauert die Fahrt ca. ½ Stunde.**

Auch sehr schön, etwas ruhiger und noch näher an Porto auf der Strecke nach Espinho, beim kleinen Ort Aguda, liegt der Strand **Praia da Aguda**.

Auch auf der Strecke mit der Bahn, eine Station vor Espinho beim Ort Granja, liegt der Strand **Praia da Granja** – ein schöner Strand, noch dazu mit einem guten Restaurant.

Mit dem Fahrrad: Wer von Porto aus mit dem Fahrrad in Richtung Espinho fahren möchte, nimmt am besten zunächst die Fähre über den Fluss nach Vila Nova de Gaia, sie startet von der Rua do Ouro kurz hinter der Brücke „Ponte da Arrábiada". Das ist eine schöne Abkürzung und man spart sich den Weg durch Verkehrschaos und hässliche Straßen.

Matosinhos

Die Industrie- und Hafenstadt Matosinhos wird oft als ein Vorort von Porto wahrgenommen, ist aber eine selbstständige Stadt mit ca. 175.000 Einwohnern und wurde schon vor 900 Jahren erstmals erwähnt.

Nördlich an Porto grenzend ist Matosinhos längst mit ihrem großen Nachbarn zusammengewachsen und gehört sicherlich nicht zu den Orten, die man unbedingt gesehen haben muss. Dennoch gibt es hier einige nette Sachen, die einen Ausflug in Erwägung ziehen lassen. Da ist zunächst einmal der breite,

Praia da Granja ⬇

Ausflüge von Porto

auch bei Surfern beliebte Strand, der sich nach der Hafenanlage bis zum Rio Ave bei Vila do Conde fast 20 km lang zieht. Hier kann man wunderbar auf Holzstegen durch die Dünen wandern und findet auf dem Weg die eine oder andere nette Strandbar. Für Kreuzfahrtfans ist sicherlich der Hafenterminal mit ausgefallener Architektur in Form einer weißen Schnecke interessant. Nicht zuletzt können diejenigen, die in Porto keine Herberge mehr gefunden haben, nach Matosinhos ausweichen. Hier gibt es einige nette und vom Preis-Leistungsverhältnis gute Hotels. Zu finden auf den gängigen Hotelseiten im Internet. Verhungern muss man hier auch nicht, man findet jede Menge Restaurants aller kulinarischen Stilrichtungen und gutem Preis-Leistungsverhältnis. Mit dem Bus Nr. 500 oder der Metro kommt man schnell und bequem nach Porto.

BARCELOS

Für Marktfans ist ein Besuch der Stadt am Rio Cávado Pflicht! Immer donnerstags wird hier einer der größten Wochenmärkte Europas aufgebaut. Von lebenden Kleintieren, Kleidung, Schuhen bis Keramik und natürlich jede Menge Obst und Gemüse wird hier alles Erdenkliche in rauen Mengen feilgeboten.

Sehenswert ist aber auch die Altstadt, in die sich außer am Donnerstag nur wenige Touristen verlaufen.

Der Hahn von Barcelos »Senhor do Galo« ist das Wahrzeichen Portugals, er ziert Dächer, Fahnen, Tassen, Teller, Tücher in allen Variationen und ist nur schwer zu übersehen.

Barcelos erreicht man von Porto aus am besten mit dem Zug. Es gibt zahlreiche Verbindungen von den Bahnhöfen São Bento und Campanhã aus. **Die Fahrt dauert ca. 1 Stunde.**

VILA DO CONDE

Der Küstenort nördlich von Porto, an der Mündung des Rio Ave gelegen, war einst ein Fischerdorf und ist heute eine kleine Stadt, die praktisch mit ihrem Nachbarort im Norden, Póvoa de Varzim, zusammengewachsen ist. Spuren der alten Fischerkultur findet man heute aber immer noch. Kleine Werften und traditionelles Handwerk im historischen Stadtkern mit seinen engen Gassen und niedrigen Häusern aus dem 16. Jahrhundert sind Zeugen aus vergangenen Zeiten.

Vom ehemaligen Kloster Santa Clara, das auf einer Anhöhe liegt und heute das Justizministerium beherbergt, hat man einen herrlichen Blick über die Stadt und den Atlantik. Der Strand ist schön und endlos, leider auch endlos von Häusern und Straßen gesäumt. Wen das aber nicht stört, der findet hier immer einen Platz für sein Handtuch.

Von Porto aus erreicht man Vila do Conde am besten mit der Metro in Rich-

In der Altstadt von Barcelos

tung Póvoa de Varzim. **Die Fahrt mit der Metro dauert ca. 40 Min.**

PÓVOA DE VARZIM

Das etwas weiter nördlich gelegene Póvoa de Varzim ist heute eine moderne Stadt mit ca. 60.000 Einwohnern. Hier kann man Strand mit Großstadtflair erleben oder seine Reisekasse im Casino vernichten. Der Strand ist allerdings lang und schön und endet in nördlicher Richtung erst am Rio Cavado. **Die Fahrt mit der Metro dauert ca. 45 Min.**

ESPOSENDE

Noch etwas weiter nördlich, ca. 40 km von Porto entfernt, an der Mündung des Rio Cávado gelegen, befindet sich der Badeort Esposende.

Am Wochenende kommen viele Portugiesen aus Barcelos und Braga hierher, um einen Tag am Strand zu verbringen.

Der Strand von Esposende beginnt etwa 1 km vom Ortskern entfernt an der Mündung des Rio Cávado.

Der über 7 km lange Strand, „Praia de Suave Mar", liegt zwischen den Mündungen der Flüsse Rio Cávado im Süden und dem Rio Neiva im Norden, wunderschön von einer Dünenlandschaft begrenzt. Macht man sich die Mühe und geht einige Minuten Richtung Norden, findet man nur noch Natur, ein krasser Gegensatz zu den Stränden von Póvoa de Varzim und Vila do Conde.

Südlich von Esposende beginnt der Strand „Praia de Ofir", benannt nach dem kleinen Badeort Ofir, unweit von Esposende, am gegenüber liegenden Ufer des Rio Cávado gelegen.

Beides sind ideale Plätze für einen Strandurlaub, wenn auch das Wasser des Atlantiks hier die meiste Zeit des Jahres ziemlich frisch ist.

Von Esposende aus gibt es zahlreiche Busverbindungen in Richtung Braga, Barcelos, Porto und Viana do Castelo. Am Wochenende fahren die Busse ab 18 Uhr allerdings sehr selten *(siehe auch: Karte, Seite 48)*. **Von Porto aus dauert die Fahrt ca. 1$^{1/2}$ Std.** Die Webseite für den Bus ist: www.avminho.pt

WebTipp: www.visitesposende.com
Eine empfehlenswerte Website mit vielen Informationen über die Region.

AMARANTE

Im 13. Jahrhundert baute der Heilige São Gonçalo am Ufer des Rio Tâmega eine Kapelle und ließ eine Brücke über den Fluss bauen. Über einen Pilgerweg kamen viele Gläubige, um seine Predigten zu hören. Schließlich ließen sich einige hier nieder, und so entstand der Geschichte nach das heutige Amarante.

Der Bauboom der 1990- und 2000er Jahre hat auch hier die nähere Umgebung nicht gerade verschönert, aber ein Ausflug nach Amarante ist

Das ehemalige Kloster Santa Clara in Vila do Conde ⬇

Ausflüge von Porto

Im Stadtzentrum von Braga

dennoch eine lohnende Aktion. Die Lage ist traumhaft und der kleine historischen Ortskern ist durchaus sehenswert.

Das Wahrzeichen der Stadt ist das ehemalige Kloster **São Gonçalo** mit der gleichnamigen Klosterkirche **Igreja de São Gonçalo**, erbaut im 16. und 17. Jahrhundert. Gleich nebenan befindet sich die **Igreja São Domingo**, der man ebenfalls einen Besuch abstatten sollte. Auch die Kirche **Igreja São Pedro** an der Rua Miguel Pinto Martins lohnt eine Besichtigung.

Amarante erreicht man von Porto mit dem Bus. Richtung Vila Real fahren Expressbusse der Gesellschaft Roda Norte fast im Stundentakt. **Von und nach Porto dauert die Fahrt ca. 1 Stunde.** *(Siehe auch: WebTipp, Seite 50)*

BRAGA

Braga mit heute ca. 170.000 Einwohnern ist eine der ältesten Städte Portugals und eine der schönsten. Schon vor Christi Geburt gab es hier Siedlungen. Einen Besuch des „Roms Portugals" sollte man keinesfalls versäumen. Wenn auch der Vergleich mit der Hauptstadt Italiens etwas hinkt, ist Braga dennoch

Amarante, Blick auf das ehemalige Kloster und die Kirche São Gonçalo ↓

das religiöse Zentrum Portugals. Es gibt über 30 Kirchen im Stadtgebiet und die mächtigsten Kirchenfürsten hatten und haben hier ihren Sitz und Einfluss.

Enge Gassen mit historischer Architektur, Stadtpaläste, freie Plätze mit üppigem Grün, Brunnen und Wasserfontänen sowie Wohnhäuser aus der Gründerzeit und, wie schon erwähnt, jede Menge Gotteshäuser gibt es zu bestaunen.

Die wichtigste Sehenswürdigkeit in der näheren Umgebung, auf einer Bergkette gelegen, ist die **Wallfahrtskirche Bom Jesus do Monte** aus dem 19. Jh. Mit ihrem imposanten Treppenaufgang ist das Gotteshaus eines der meist besuchten Sehenswürdigkeiten Portugals.

Nicht ganz so berühmt und erst im 20. Jh. auf der gleichen Bergkette errichtet ist die riesige Anlage auf dem Monte **Sameiro**, die hier um die **Basilica Nossa Senhora** angelegt wurde.

Von beiden Standpunkten aus hat man einen fantastischen Blick ins Tal.

Ein ca. 2 km langer Wanderweg durch den Wald verbindet die beiden Kirchen.

Ein lohnender Ausflug von Porto, den man nicht bereuen wird.

Das Turismo in Braga befindet sich in der Avenida Central, Ecke Avenida da Liberdade, mitten im Zentrum..

Braga liegt etwa 60 km von Porto entfernt, die Fahrt bei freier Straße mit dem

Auto dauert ca. 50 Min, mit dem Bus ca. 1 Std. 15 Min. Die beste Variante ist die mit der Bahn, **von den Bahnhöfen São Bento oder Campanha aus, braucht man ca. 1 Std. 40 Min.** Vom Bahnhof in Braga aus ist man in ca. 15 Minuten zu Fuß in der Altstadt.

Basilika auf dem Monte de Santa Luzia bei Viana do Castelo

Viana do Castelo

Viana do Castelo ca. 80 km nördlich von Porto gelegen war im 16. Jh. einer der wichtigsten Häfen Portugals und *der* Hafen im Norden. Durch Fischfang und Handel kam die heute ca. 21.000 Einwohner zählende Stadt an der Mündung des Rio Lima zu Wohlstand und Reichtum, was man ihr heute noch ansieht.

Wer Zeit und Lust hat, einen besonderen Ort zu besuchen, der sollte einen Ausflug nach Viana do Castelo unbedingt in Erwägung ziehen.

Im Süden und Norden ziehen sich endlose Sandstrände die Atlantikküste entlang, und vom „Hausberg" Monte de Santa Luzia hat man einen atemberaubenden Blick über die Landschaft. Er gilt – und das ist sicherlich keine Übertreibung – als eine der schönsten Fernsichten der Welt.

Viana do Castelo erreicht man von Porto aus am besten mit dem Zug, je nach Art des Zuges dauert die Fahrt vom Bahnhof Campanhã aus zwischen einer und zwei Stunden.

AZULEJOS

Azulejo kommt aus dem Arabischen und bedeutet soviel wie bunter oder polierter Stein.

Azulejos sind bemalte Kacheln persischen Ursprungs, die vermutlich mit den Mauren nach Portugal kamen. Ursprünglich wurden sie nach islamischer Tradition in reiner Ornamentik und blau-weiß gestaltet. Heute findet man Azulejobilder überall in Portugal. Sie sind zu einem Wahrzeichen des Landes geworden. Schon lange hat man mit der islamischen Tradition gebrochen und bunte Darstellungen aller möglichen Alltagssituationen oder historischer Ereignisse in Szene gesetzt.

Nicht nur historische Gebäude und Plätze sind damit geschmückt, immer wieder findet man auch moderne Varianten, die ihren Vorbildern in nichts nachstehen.

Azulejobild im alten Mercado do Bolhão ⬇

Allgemeine Reiseinformationen

- Sprache
- Übernachten in Portugal
- Baden
- Geld
- Gesundheit
- Im Café
- Im Restaurant
- Reisen mit Kindern
- Reisen mit Handicap
- Frauen alleine unterwegs
- Mit dem Taxi
- Portugal im Internet
- Sicherheit
- Ländervertretungen
- Zum Schluss

Brücke Dom Luís I

Sprache

Landessprache ist natürlich Portugiesisch, ca. 200 Millionen Menschen auf der Welt sprechen es, die meisten davon in Brasilien.

Mit Englischkenntnissen kann man im Allgemeinen die wichtigsten touristischen Angelegenheiten regeln. In Hotels, am Flughafen, auf größeren Bahnhöfen, in vielen Restaurants und natürlich in den Touristeninformationsbüros findet man meistens Englisch sprechende Ansprechpartner. Noch besser kommt man mit Französischkenntnissen weiter und mit Spanisch fast so gut wie mit Portugiesisch, da die beiden Sprachen sehr ähnlich sind und die meisten Portugiesen Spanisch zumindest verstehen.

Übernachten in Portugal

Hotels

Portugal wird immer schicker, moderner und mobiler. So findet man heutzutage selbst in Gegenden, wohin sich noch vor ein paar Jahren kaum ein Mensch verirrt hat und man allenfalls eine einsam gelegene Pousada vorfand, (Pousadas. siehe unten) neue Luxushotels und Ferienanlagen für Reisende mit gehobenen Ansprüchen und dem nötigen Spielraum in der Reisekasse.

Neben diesen „neuen" Angeboten findet man Hotels aller Kategorien, vom Zwei- bis Fünf-Sterne-Hotel. Die Preise für Doppelzimmer bewegen sich zwischen ca. 50 und 250

EUR. Einzelzimmer sind nur wenig günstiger, maximal 30%. In Porto sind die Unterkünfte im Schnitt etwas teurer als in kleineren Orten.

Pensionen (Pensão, Residensial)

Die Begriffe Pensão und Residensial verschwinden langsam und werden in Hotel umgewandelt. Allerdings sind diese Bezeichnungen immer noch häufig vorhanden. Pensionen haben einen bis vier Sterne. Hier kann man vor allem in der Nebensaison günstig übernachten.

Zimmer gibt es schon ab ca. 30 bis max. 100 EUR. Die Qualität ist auch hier sehr unterschiedlich, und im Hinblick auf Preis-Leistung gilt das Gleiche wie für Hotels.

Während in Hotels an der Rezeption meistens jemand eine Fremdsprache spricht (s.o.), ist das in Pensionen eher die Ausnahme. Am meisten Glück kann man noch mit Französisch oder Spanisch haben.

Hospedarias

Hospedarias sind neben privaten Unterkünften die einfachsten und günstigsten Herbergen. Der Standard ist eher bescheiden, doch wer keine großen Ansprüche stellt, kann auch dort ein sauberes Bett für die Nacht finden.

Airbnb

Die private Zimmervermietung über dieses Portal ist mittlerweile auch in Portugal verbreitet und es gibt Angebote in allen Landesteilen.

Pousadas

Die ehemals staatliche Hotels sind heute privatisiert und von großen Hotelketten übernommen worden, was die Zimmerpreise leider etwas verteuert hat, aber manchmal kann man auch noch günstige Angebote finden. Pousadas sind Luxushotels, die sich häufig in historischen Gebäuden, wie z.B. alten Burgen, Schlössern oder Herrenhäusern befinden. Ausnahmslos sind sie schön gelegen, meist außerhalb der Ortschaften. Die Preise für ein Doppelzimmer liegen bei ca. 120-400 Euro, je nach Saison und Ausstattung. Auf der mehrsprachigen Webseite www.pousadas.pt, findet man alle Häuser, die es gibt, und kann Zimmer reservieren.

Solares de Portugal

Die Begriffe Solares und die Bezeichnung TR, stehen für „Turismo no Espaço Rural" (Urlaub auf dem Land). Von der Übernachtung in palastähnlichen Herrenhäusern bis zum Urlaub auf dem Bauernhof reicht hier die Palette.

Auch diese Häuser sind meist ausnahmslos schön und außerhalb von Ortschaften gelegen.

Informationen über Pousadas und Solares bekommt man in Portugal bei den Touristeninformationsbüros oder über Reiseveranstalter. Die Preise für ein Doppelzimmer liegen bei ca. 30-200 Euro und mehr, je nach Saison und Ausstattung. www.solaresdeportugal.pt, ist das dreisprachige Portal für diese Art der Unterkünfte, hier kann man sich über die Häuser informieren und Reservierungen vornehmen.

Für Pousadas und Solares gilt leider, dass sie mit öffentlichen Verkehrsmitteln in der Regel nur schwer oder gar nicht zu erreichen sind. Ausnahmen sind z. B. die Pousadas in Braga, Guimarães, Valenca, Viseu und Viana do Castelo.

Jugendherbergen (Pousadas de Juventude)

Die Jugendherbergen in Portugal sind einfach, aber sauber, und es gibt keine Altersbegrenzung. Teilweise gibt es sogar Einzel- und Doppelzimmer, die allerdings nicht unbedingt billiger als in Pensionen sind. Auf der Webseite www.pousadasjuventude.pt findet man alle Jugendherbergen, die es in Portugal gibt, und kann auch gleich ein Zimmer oder Bett buchen.

Campingplätze

Campingplätze gibt es an der Küste fast überall, teilweise aber auch im Landesinnern und in Städten. Sie sind meist schön gelegen

HOSTELS

Hostels sind praktisch private Jugendherbergen, in denen es zwar keine Altersbegrenzung gibt, die sich aber eher an ein jüngeres Publikum richten. Hier kann man günstig in Mehrbettzimmern übernachten. Die meisten Hostels haben zwar auch Einzel- und Doppelzimmer, aber diese sind nicht günstiger als in Pensionen.

Interessant sind diese Herbergen vor allem für Alleinreisende, man an hat hier die Möglichkeit viele Leute aus aller Welt kennen zu lernen.

HIER EIN PAAR TIPPS UND ADRESSEN IN PORTO:

Mim Hostel, R. João das Regras 96, Tel. +351 960 023 267
Sehr schöne Hostel in der Nähe des U-Bahnhofs Trindade, also relativ zentral.
Mit Doppelzimmern und Dormitorys, ab 20 Euro im Schlafsaal

Nice Way Porto Hostel
Rua Sampaio Bruno, 12 - 3rd floor
Tel. +351 22 099 1947
Beliebtes Hostel in perfekter Lage, 5 Min. zu Fuß zur Avenida dos Aliados, zentraler geht's nicht. Mit Doppelzimmern und Dormitorys ab 15 Euro im Schlafsaal

Porto República Hostel & Suites
Praça da República 38
+351 22 201 1270 | portorepublica.com
Sehr schönes Hostel in der Nähe des U-Bahnhofs Trindade, also relativ zentral.
Mit sehr schönen Doppelzimmern und Dormitorys, ab 20 Euro im Schlafsaal

Bluesock Hostels | R. de São João 40
+351 22 766 4171 | bluesockhostels.com
Sehr schöne, moderne Herberge, toll eingerichtet in der Nähe des Palácio da Bolsa. Mit sehr schönen Doppelzimmern und Dormitorys, ab 25 Euro im Schlafsaal

PILOT Design Hostel & Bar
R. do Gen. Silveira 11
+351 22 208 4362 | pilothostel.com
Sehr beliebtes und vergleichsweise günstiges Hostel, zentra ca. 10 Min. zu Fuß vom Rathaus entfernt. Ab 15 Euro im Schlafsaal.

■ Die angegebenen Preise sind ca. Preise, die sich in der Hauptsaison sehr nach oben orientieren können. *(Siehe Seite 10)*
WebTipp: www.portuguese.hostelworld. com, ist die portugiesische Webseite für Informationen und Reservierung aller Hostels in Portugal.

und gut ausgestattet. Für manche Plätze braucht man einen Campingausweis. Wild Zelten ist überall verboten und wird bestraft.

www.roteiro-campista.pt ist das Portal für Camper in Portugal.

Hotels und Pensionen der höheren Kategorie kann man auch von seinem Heimatort aus über Reisebüros buchen. Im Internet bei einschlägigen Anbietern hat man das größte Angebot. Ob Internet oder Reisebüro, meist bekommt man dort günstigere Preise als vor Ort.

Für alle Unterkünfte gilt; je zentraler desto teurer!

Baden

In der Nähe von Porto gibt es viele tolle Strände, leider ist das Wasser des Atlantiks die meiste Zeit des Jahres hier ziemlich kalt. Dafür hat man aber oft eine starke Brandung, die den Körper erwärmt.

An bewachten Stränden weht bei ungünstigen Strömungs- oder Windverhältnissen eine rote Fahne, die signalisiert, dass man besser nicht ins Wasser geht.

Nackt baden ist überall verboten, außer an extra gekennzeichneten Stränden.

Geld

In Portugal gilt der EURO, am besten haben es Inhaber einer EC-Karte oder einer gängigen Kreditkarte. Damit kann man an Geldautomaten, den so genannten "Multibancos", die zahlreich vorhanden sind, täglich bis zu 200 Euro abheben. Manchmal funktionieren sie auch nicht und behaupten sogar, dass Ihre Bank die Auszahlung ablehnt: keine Panik, einfach an den Nächsten gehen.

Auf jeden Fall ist es keine schlechte Idee, ein gewisse Summe an Bargeld mitzunehmen, da die Gebühren an den Geldautomaten zum Teil erheblich sind.

Natürlich kann man auch überall in Banken und Wechselstuben, zum Teil auch an Automaten, Bargeld anderer Währungen in Euro umtauschen.

Preise

Die Zeiten, in denen für nordeuropäische Touristen Portugal wegen der niedrigen Preise ein Einkaufsparadies war, sind vorbei. Nur noch ganz wenige Dinge des alltäglichen Gebrauchs, wie z.B. Schuhe, Kaffee oder Alkoholisches kann man vergleichsweise günstig erstehen.

Auch in Restaurants haben die Preise mächtig angezogen. Was die Rechnung noch rettet, sind die vergleichsweise günstigen Getränke. Hierfür bezahlt man im Schnitt 25%-50% weniger als für Vergleichbares im deutschsprachigen Raum.

Gesundheit

Portugals Gesundheitssystem ist – na reden wir nicht darüber ... Pflichtversicherte in Deutschland können sich mit der Internationalen Versicherungskarte in staatlichen Krankenhäusern und bei Vertragsärzten bis auf kleine Zuzahlungen kostenlos behandeln lassen. Zahnärzte sind aber nicht mit eingeschlossen. Bei kleineren Blessuren wird einem auch in Apotheken (prt. farmácia) geholfen, diese sind mit einem grünen Kreuz gekennzeichnet. (Vertragsärzte und Krankenhäuser bitte beim örtlichen Turismo oder im Hotel erfragen). Viele Krankenkassen geben eine kostenlose Broschüre über den Krankheitsfall im Ausland heraus. Eine zusätzliche Reiseversi-

Im Park Serralves

cherung ist empfehlenswert, damit man auf private Versorgung und eventuellen kosten-neutralen vorzeitigen Rücktransport zurück-greifen kann.

WebTipp: Auf www.urlaubsortarzt.de fin-det man Adressen deutschsprachiger Ärzte in Porto.

Im Café

Wer es versäumt hat, in seinem Portugalur-laub in ein Café zu gehen und einen Espresso oder Milchkaffee (Galão) zu trinken, der war eigentlich gar nicht wirklich in Portugal. Hier gibt es den besten Kaffee der Welt und Ku-chen in unzähligen Variationen. An kalorien-haltigen Zutaten wie Eier, Butter und natürlich Zucker wird dabei nicht gespart.

Wer seinen Kaffee im Stehen am Tresen trinkt, bekommt ihn etwas billiger als am Tisch. Und wer lieber vor dem Café sitzt, muss noch einen kleinen Aufschlag zahlen.

Für Teetrinker sieht es in Portugal nicht so gut aus, den besten Tee der Welt findet man dort ganz bestimmt nicht.

Im Restaurant

Restaurants und Cafés muss man in Portu-gal nicht suchen, sie sind in allen Orten in ausreichender Anzahl vorhanden. Portugiesen lieben es auszugehen und machen davon auch reichlich Gebrauch.

Die Küche Portugals ist traditionell sehr fleischbetont. Das Nationalgericht ist aller-dings ein Fischgericht, der so genannte Bacal-hau (Stockfisch). Hierbei handelt es sich um getrockneten Kabeljau, der durch Einlegen in Wasser wieder genießbar gemacht wird und danach wie frischer Fisch verarbeitet werden kann. Es gibt ihn in mindestens 300 Variatio-nen von schlicht gegrillt bis zur Zubereitung mit raffinierten Soßen.

Vegetarier haben es schwer in Portugal. Vegetarische Gerichte sind auf Speisekarten eher die Ausnahme. Da Portugiesen aber freundliche Menschen sind, ist man bestimmt immer bereit, etwas Fleischloses zusammen-zustellen.

In größeren Orten gibt es mittlerweile auch das ein oder andere vegetarische Restaurant und man kann natürlich auch beispielsweise auf italienische Restaurants ausweichen oder in modernen Einkaufszentren die Kantinen aufsuchen. Dort findet auch der Vegetarier al-les, was das Herz begehrt.

Graffiti in Porto

Isst man in einem portugiesischen Restau-rant, so bekommt man meistens ungefragt Brot und allerlei Vorspeisen auf den Tisch ge-stellt. Diese sind allerdings nicht im Preis in-begriffen. Nascht man davon, so muss man sie bezahlen. Das kann manchmal zu Miss-verständnissen führen.

Der Service ist im Preis enthalten. Ein Trink-geld wird nicht erwartet, aber jeder freut sich natürlich darüber, 10% sind angemessen.

Reisen mit Kindern

Auch in Portugal gehen die Geburtenraten zurück, jedoch auf einem vergleichbar niedri-gen Niveau. Portugal ist ein kinderfreundli-ches Land. Niederflurbusse oder -Straßenbah-nen sind hier zwar weitgehend unbekannt, die neuen U-Bahnen und Suburbanos sind aber kinderwagengerecht. Außerdem hat, wer in Portugal mit Kindern reist, die freundlichen und hilfsbereiten Menschen immer auf seiner Seite. Viele Hotels und Pensionen geben 100% Kinderrabatt.

Reisen mit Handicap

Für Reisende mit Handicap gilt das gleiche wie mit Kindern, Niederflurbusse oder -Stra-ßenbahnen sind hier zwar weitgehend unbe-kannt, die neuen U-Bahnen und Suburbanos verfügen aber über diese Einrichtungen. Auch die meisten neueren Hotels haben roll-stuhlfreundliche Einrichtungen.

Frauen alleine unterwegs

Portugiesische Männer sind in puncto Frauenanmache zwar etwas zurückhaltender als ihre mediterranen Geschlechtsgenossen, doch sind auch sie von weltlicher Natur.

Die portugiesische Gesellschaft ist eher konservativ geprägt, und einer Portugiesin würde es z. B. nicht einfallen, alleine in eine Bar oder Diskothek zu gehen. Gewagt und vor allem sehr unerwünscht wäre es auch, oben ohne oder gar nackt am Strand zu liegen. (Siehe auch: Baden Seite 58)

Mit dem Taxi

Taxis sind in Portugal relativ günstig, innerhalb von Städten fahren sie mit Taxameter, für größere Entfernungen kann man den Preis frei verhandeln. Schaltet der Taxifahrer bei einer Stadtfahrt den Taxameter nicht ein, ist er entweder vergesslich oder ein Betrüger. In solchen Fällen gleich fragen, was die Fahrt kostet und gegebenenfalls wieder aussteigen. Früher musste man für Gepäck extra bezahlen. Das ist heute zwar nicht mehr üblich, aber es gibt noch Traditionalisten. Möchte man sicher gehen, so muss man auch danach fragen.

Portugal im Internet

www.visitportugal.com/de ist die Seite der Tourismusbehörde Portugals. Hier findet man viele Informationen, Fotos und Videos über das Land. Fast jeder Ort in Portugal hat auch seine eigene Webseite, diese sind allerdings in der Regel ausschließlich in portugiesischer Sprache auf www.nordportugal.de finden Sie viele Links zu diesen Seiten.

So gut wie in jedem Hotel und den meisten Pensionen ist kostenloses WLAN vorhanden, häufig allerdings nur in der Lobby, aber die Verbindungen sind meistens recht gut.

Auch in vielen Cafés und auf öffentlichen Plätzen gibt es Hot Spots, um ins Internet zu gelangen und manche Touristeninformationsbüros bieten ebenfalls diesen Service an.

www.juventude.gov.pt ist das portugiesische Portal für Jugendliche in Portugal. Dort wird man über alle möglichen Veranstaltungen, Sport, Kultur ec. informiert. Die Seite ist zwar nur auf Portugiesisch, aber wer irgendwann mal wenigstens angefangen hat eine romanische Sprache zu lernen, kann sich schon darauf zurecht finden ...

Sicherheit

Portugals Kriminalitätsrate ist in Europa eher unter dem Durchschnitt, aber auf seine Sachen sollte man trotzdem immer gut aufpassen, vor allem da, wo viele Menschen unterwegs sind. Gelegenheit macht auch hier Diebe, und letztendlich machen nicht nur Einheimische lange Finger.

In Porto sollte man allerdings, wenn man alleine unterwegs ist, dunkle Gassen meiden. Einen Nachtspaziergang durch die engen Gassen der Ribeira oder des Baredos in Porto, sollte man auf Empfehlung der Einheimischen nur in einer Gruppe von mindestens drei Leuten unternehmen.

Portugiesische Polizisten sind in der Regel sehr freundlich, haben aber selten Fremdsprachenkenntnisse. In Porto gibt es eine Polizeiwache für Touristen, Polícia divisão de turismo, Praça de Pedro Nunes 16, dort sollte man auch englischsprachige Beamte antreffen.

Notruf:
Medizin: (+351) 122
Polizei: (+351) 222092006 | 222081833

Ländervertretungen

Deutsches Konsulat in Porto, Avenida Sidenio Pais 379 | Tel. +351 226 10 81 22

Österreichisches Konsulat in Porto, Rua Agostinho da Silva Rocha 844 | 4475-451 Nogueira Maia | Tel. (+351) 933 147 054

Schweizer Konsulat in Porto, Rua Cruz das Guardeiras 525 | 4470-593 Maia (+351) 917 525 854

Zum Schluss

Bei der Recherche für diesen Reiseführer habe ich mir alle erdenkliche Mühe gegeben, so genau und aktuell wie möglich zu sein. Alle Informationen sind aus erster Hand mit dem Abstrich, dass ich es nicht geschafft habe, in jedem Hotel, in jedem Hostel oder Pension in Porto zu übernachten.

Aber in Portugal und ganz besonders in Porto ändern sich die Dinge schnell, so dass es unmöglich ist, immer 100% richtig zu liegen.

Auf jeden Fall übernehme ich keinerlei Haftung, alle Angaben sind ohne Gewähr.

Über Kritik und Anregungen zu diesem Buch würde ich mich sehr freuen, schreiben Sie mir unter E-Mail: redaktion@nordportugal.de

Viel Spaß mit diesem hoffentlich hilfreichen Reiseführer und einen angenehmen Aufenthalt in Porto!

Bernd Lübbers, Mai 2024